Lichtpunkte neuen Denkens

Lichtpunkte neuen Denkens

Herausgegeben vom
Verlag Hermann Bauer, Freiburg,
anläßlich seines 60jährigen Bestehens

Für alle,
die suchen
und neugierig sind;
für alle,
die am Anfang stehen,
die fragen,
wissen
und glauben wollen;
für alle,
die bohren,
forschen
und nachhaken;
für die, die hoffen,
fühlen
und denken;
für alle,
die unterwegs sind
und aufbrechen
zu neuen
Gedanken und Wegen.

BAUER

Verlag Hermann Bauer
Freiburg im Breisgau

Die Deutsche Bibliothek – CIP-Einheitsaufnahme

Lichtpunkte neuen Denkens /
hrsg. vom Verlag Hermann Bauer anlässlich seines
60jährigen Bestehens. [Red.: Petra Danner]. –
11., erg. Aufl. – Freiburg im Breisgau : Bauer, 1999
ISBN 3-7626-0454-1
NE: Danner, Petra [Red.]; Verlag Hermann Bauer
⟨Freiburg, Breisgau⟩

Illustrationen
Barbara Wiesinger: Seiten 66, 75, 122
Irene Dalichow: Seiten 52, 55, 85

Foto Seite 105: Friedhof in Innsbruck-Wilten;
mit freundlicher Genehmigung des Abtes vom Kloster Wilten

11., ergänzte Auflage 1999
ISBN 3-7626-0454-1

Idee: Winfried Hille
Redaktion: Petra Danner
Titelillustration: Irene Dalichow
Umschlag: Peter Krafft, Bad Krozingen
Zitat 4. Umschlagseite: Petra Danner
Satz: CSF · ComputerSatz GmbH, Freiburg im Breisgau
Druck und Bindung: Clausen & Bosse GmbH, Leck
Printed in Germany

Inhalt

»Nur, wenn wir für alles um uns her empfindsam sind, beginnt eine andere Art des Denkens, die nicht durch unsere Konditionierung begrenzt ist.«

Krishnamurti

Vorwort

Das Wort »neu« ist in, wie man zu sagen pflegt. New Age und Neues Paradigma sind Beispiele, die jeder kennt, der sich mit Esoterik beschäftigt. Schon der bloße Klang des Wortes »neu« vermag so etwas wie ein elektrisches Spannungsfeld zu erzeugen, das die ganze Umgebung aufzuladen scheint und einen in ständige Aufbruchstimmung versetzt, begierig darauf, dieses Neue zu entdecken, sich von ihm mitreißen zu lassen, sich jeden Augenblick seiner bewußt zu werden als das Neue, das das soeben noch Gewesene außer Kraft setzt und seiner Gültigkeit beraubt. Herrlich: Der Weg ist das Ziel.

So etwa ist das »Neue«, wie es ein Großteil der heute sich mit Esoterik befassenden Menschen erlebt, sich dazu bekennt und manchmal auch daran berauscht. Bedarf es angesichts dessen und des damit verbundenen immerwährenden leicht ekstatischen Zustandes noch weiterer Worte? Ich denke ja.

Was ist »neu«? Die Antwort scheint leicht zu sein: das jeweils andere, das das bisher Gültige ersetzt. So gesehen ist neues Denken ein anderes Denken. Ein Denken, das sich nicht an den Kriterien des bisher Gültigen messen läßt. Es ist anders, aber nicht notgedrungen neu im Sinne von erstmalig, denn es kann schon einmal dagewesen und dann für einige Zeit in die Vergessenheit versunken sein, um uns heute wieder als »neu« ins Bewußtsein zu dringen.

So gesehen wird »neues Denken« aber nicht zu einem ganzheitlichen Denken, wie man so oft versucht ist zu sagen, denn ganzheitliches im Sinne von alles umfassendes Denken ist Überforderung. Niemand kann, als der ganze Mensch, der er ist, an mehreren oder auch nur an zwei Orten zugleich sein. Selbst die heute so viel beschworene Kunst des Erreichens von anderen Bewußtseinszuständen besteht im wesentlichen darin, sich ganz auf einen einzigen zu konzentrieren. Die anderen hören deswegen nicht auf zu existieren, aber sie werden im jetzigen Moment nicht erfahren, sondern höchstens gewußt.

Das scheint mir die wahre Bedeutung des »neuen Denkens« zu sein, eines Denkens des Sowohl-als-auch; zu denken: Jetzt bin ich hier, aber alles andere gibt es auch. Irgendwann einmal werde ich vielleicht auch da und dort sein. Wie dem »Narren« des Tarot stehen mir alle Möglichkeiten offen, von denen ich jeweils nur eine ganz wahrnehmen kann. Das einzige Denken, das letztlich mit etwas Glück zur Erfahrung des Kosmischen führt, ist das, was in unserem Sprachgebrauch manchmal Erleuchtung genannt wird.

In diesem Sinne möchte ich den Leser auffordern, in diesem Band *Lichtpunkte neuen Denkens* zunächst einmal zu blättern und dann spontan das eine oder andere zu lesen, um zu erfahren: Das alles gibt es, und ich habe die Möglichkeit, es kennenzulernen, wenn ich nur will.

Der Verlag Hermann Bauer versteht sich als ein Verlag des neuen Denkens. In den nun sechzig Jahren seines Bestehens hat er seine Aufgabe immer darin gesehen, seine Leser auf die vielfältigen Möglichkeiten hinzuweisen, daß es sowohl dieses als auch jenes gibt. Auf diese Weise sind sicher viele Menschen davor bewahrt worden, in die Starre des alten, das immer auch ein fremdes, von außen vorgegebenes Denken ist, zu verfallen. Daß der Verlag diese Art des neuen Denkens noch lange Zeit weiter vermitteln kann, das wünschen wir alle, Leser wie Autoren.

Hans-Dieter Leuenberger

»So müssen wir diese wandelbare Welt betrachten:
Als einen Stern in der Morgendämmerung,
als Luftblase in einem Strom,
als Blitzstrahl aus einer Sommerwolke,
als eine flackernde Lampe,
als ein Phantom und
als einen Traum . . .«

Buddha

Die Natur der Welt

Seit der Mensch ein Bewußtsein seiner selbst gewonnen hat, ist er auf der Suche. Er sucht etwas, von dem er instinktiv weiß, daß es sich nicht im Äußeren befindet. Ganz ohne Zweifel sucht er nach Glück, nach einer Art Frieden und Sicherheit in einer Welt, in der es nicht nur Krieg, Aufruhr und Auseinandersetzungen gibt. Er spürt auch eine tiefe innere Unruhe und Unzufriedenheit; alles läßt ihn unbefriedigt. Er sucht sein Unbehagen zu überwinden, indem er von einem Lehrer zum anderen, von einer religiösen Gruppe zur anderen, von einem Arbeitsplatz zum nächsten wechselt.

Obwohl er nach Glück sucht, findet er allzuoft nur *Befriedigung*. Aber ist es das, wonach er wirklich gesucht hat? Hält er das irrtümlicherweise für Glück? Bemerkt er, daß es einen großen Unterschied zwischen Glück und Befriedigung gibt? Ist es überhaupt möglich, nach Glück zu *suchen*? Wir können sicher in vielen Dingen Befriedigung finden, aber können wir auch wirkliches Glück finden? Wenn wir über das Glück nachdenken, dann erkennen wir, daß es nur derivativ entsteht, daß es sich also von irgend etwas herleiten muß. Glück ist die *Nachwirkung* von etwas anderem. Es ist mit dem Phänomen Liebe vergleichbar. Wir können Liebe nicht als Liebe an sich sehen oder spüren, sie erfordert stets ein Objekt. So ist auch Glück die Nachwirkung oder das Nebenprodukt einer anderen Aktivität. Bevor wir also unsere Suche fortsetzen, müssen wir gründlich und ernsthaft darüber nachdenken, was wir eigentlich wollen: Glück oder Befriedigung? Leider erwarten die meisten Menschen irgendeine Art von Belohnung oder Befriedigung. Nach all ihren Mühen und Anstrengungen wünschen sie sich ein Gefühl der Erfüllung und Befriedigung.

Wenn wir uns jahrelang in dieser Richtung bemüht und auch wiederholt das Gefühl der Befriedigung erfahren haben, entdecken wir plötzlich, daß wir immer noch auf der Suche sind. Wir suchen etwas Dauerhaftes, einen Weg zum Erfolg; wir wollen bei einem bestimmten Unternehmen Erfolg haben. Dadurch entwickelt sich dann ein Gefühl der Erfüllung. Aber ob wir es wahrnehmen oder nicht, auch danach sind wir weiter auf der Suche. Befriedigung haben wir erfahren, aber nicht das Glück. Wir haben das wahre Problem nicht gelöst.

Auch wenn wir uns in die totale Isolation einer selbstgeschaffenen Welt des Erfolgs zurückziehen, wird die dadurch erreichbare Befriedigung niemals ausreichen, um uns aus den tieferen Ebenen der Ruhelosigkeit zu befreien. Wir müssen also zuerst herausfinden, was es überhaupt ist, was jeder von uns *innen* und *außen* sucht und so sehr braucht. Sobald dieser Gedankengang verstanden und abgeschlossen ist, werden wir erkennen, daß es nicht notwendig ist, irgendwohin zu gehen, zu irgendeinem Lehrer, zu einer kirchlichen Organisation oder in eine Bibliothek. Die eine große Schwierigkeit besteht darin, daß wir uns absolut sicher sein müssen, *was* wir finden wollen und *wie* wir bei unserer Suche vorgehen müssen. Das sind die größten Probleme. Wie können wir sicher sein, und entsteht diese Sicherheit dadurch, daß wir im Äußeren suchen, indem wir uns damit beschäftigen, was andere sagen? Können wir diese Sicherheit durch die besten Lehrer im Land oder vom Pfarrer am Ort erhalten?

In unserer Ungeduld und im aufrichtigen Verlangen,

eine Lösung zu finden, sprechen wir mit jedem Menschen, von dem wir uns eine Antwort erhoffen. Wir lesen unzählige Bücher, besuchen Vorträge, Tagungen und Seminare – immer auf der Suche nach Lösungen für unsere äußeren und inneren Konflikte, nach Erklärungen für die Schicksalsschläge und Enttäuschungen in unserem Leben. Doch bei all diesen Aktivitäten und unter den vielfältigen »Weisheiten«, die von wohlmeinenden Lehrern und religiösen Gruppen verkündet werden, finden wir nichts Dauerhaftes, nichts Beständiges. Dieses Etwas, das die Weisen als Wahrheit, als Gott, als das Unendliche bezeichnen, entzieht sich uns weiterhin. Es scheint, als ob alles, was wir bisher gesammelt haben, nichts als eine Menge von Informationen und Fakten ist. Sie vermitteln uns, was andere Menschen glauben, was sie tun und denken, aber wir haben es versäumt, Wissen in uns selbst zu entwickeln. Wir haben keine *direkten Erfahrungen* gewonnen. Wir haben nicht selbst das gefunden, was man als das *Bleibende* bezeichnet. In Wahrheit haben wir also nicht gefunden, wonach wir suchen – das Etwas, das uns das Gefühl der Beständigkeit vermittelt, bleibende Befriedigung und Glück, das anhaltende Gefühl zu *sein*, auch wenn wir uns von all den Worten, den Lehrern, den Methoden, den Büchern und sogar vom Suchen selbst gelöst haben. Nur auf diese Weise werden wir in uns das Wissen von der Realität spüren. Es ist die Realität, die die Wahrheit ist, die Gott ist – die wir selbst sind.

Wir kommen nun zu dem entscheidenden Punkt, an dem wir uns intensiv mit der Frage beschäftigen müssen, ob uns wirklich ein anderer Mensch Wahrheit und bleibendes Glück schenken kann, während wir weiterhin unser wahres Selbst nicht erkennen. Der Leser muß begreifen, daß es keine Basis für die richtige Denkweise gibt, solange er kein Verständnis seiner selbst entwickelt hat. Wo soll die Suche beginnen? Solange sich der

Mensch nicht selbst *ganz* kennt, gibt es keine Basis für seine Suche nach dem *Selbst*. Ohne diese gedankliche Grundlage wird er sich weiterhin in die falsche Richtung bewegen, weg von der Wahrheit, weg von der Realität. Ehe wir die richtige Basis herstellen, müssen wir darüber nachdenken, in welcher Weise wir uns verändern sollen. Bevor wir uns aber verändern können, müssen wir genau wissen, wer wir sind und was wir sind. Wenn wir eifersüchtig, eitel, habgierig, selbstsüchtig, mißtrauisch und ehrgeizig sind, so ist das die Gesellschaft, die wir uns selbst geschaffen haben und in der wir leben. Das bedeutet eine positive Einstellung zum Materialismus, ein Festhalten am äußeren Selbst. Eine solche Situation veranlaßte Buddha zu dem Ausspruch: »Festhalten ist Leiden.« Buddha lehrte auch: In solcher Gesellschaft zu leben, bedeute drei Zustände zu erfahren: Wandel und Unbeständigkeit, die Unwirklichkeit des Ego-Selbst und Leiden.

Was bezeichnen wir als das Beständige? Was ist die wahre Natur des Gesuchten? Suchen wir beständiges Glück, dauerhafte Befriedigung, ständige Sicherheit oder unvergängliche Liebe? Wir müssen erst einmal genau erkennen, wonach wir suchen. Unser ganzes Leben lang haben wir mit Verfahren experimentiert, immer in der Hoffnung, daß sie uns die anhaltende Befriedigung oder das Glück bringen. Doch in jedem Fall sind Befriedigung oder Glück wieder verblaßt, und betrübt fanden wir uns schließlich in der Ausgangsposition wieder. Ich erinnere den Leser an dieser Stelle daran, daß wir erst voll und ganz erkennen müssen, nach welchem Gegenstand wir suchen und wovon wir uns dauernde Befriedigung erhoffen. Der Suchende muß erst einmal sich selbst verstehen. Warum ist er unglücklich, warum entzieht sich ihm die vollkommene Befriedigung? Vielleicht existiert die Art der Beständigkeit, nach der er sucht, überhaupt nicht.

Nun ist Wahrheit etwas vollkommen anderes. In der Tat, Wahrheit unterscheidet sich völlig von dem, was man berühren, sehen, hören, schmecken und riechen kann. Bemüht sich der Suchende in dieser Richtung um Dauerhaftigkeit? Ehe er dauerndes Glück oder Befriedigung finden kann, muß der Suchende den Gegenstand seines Suchens verstehen; er muß erkennen, warum und auf welcher geistigen Ebene er sucht, denn für den Ego-Geist oder den irdischen Geist gibt es so etwas wie dauerndes Glück, Sicherheit und Wahrheit überhaupt nicht. Solange wir das ganze Selbst nicht kennen, besteht keine Basis für das richtige Denken, das uns bei der Suche auf den richtigen Weg führen könnte. Ohne unsere eigene Denkweise zu kennen, ohne zu wissen, warum wir an bestimmte Dinge glauben, warum wir an gewissen Vorstellungen, etwa von Religion oder Sozialpolitik, festhalten, warum wir bestimmte Ansichten über unsere Nachbarn und Freunde haben, ohne den wahren Gehalt, die Qualität unserer Gedanken und darüber hinaus die Bewußtseinsebene zu erkennen, der sie entstammen, wird die Suche vergeblich und jedes Handeln nutzlos sein.

Wir müssen *bei uns selbst anfangen*, das heißt beim *ganzen Selbst*, ehe wir den Sinn des Lebens, den Sinn von Schmerz, Angst und Unsicherheit begreifen, ehe wir erkennen, warum es Kriege, Konflikte in uns selbst und in der Gesellschaft gibt. Das ist alles andere als ein leichtes Vorhaben. In Wirklichkeit ist es außerordentlich schwierig, nach sich selbst zu suchen. Wenn wir erkennen wollen, wie unser Denken arbeitet, wenn wir die Qualität dieser Gedanken erkennen wollen, müssen wir sehr wachsam und flink sein. Dann werden wir allmählich mehr und mehr sowohl die Komplexität unseres Denkens entdecken als auch die Qualität unserer Reaktion auf bestimmte Erfahrungen und gegenüber anderen wahrnehmen. Jesus befahl seinen Jüngern: »Wachet und betet.« Damit meinte er, daß sie ständig auf die Qualität ihrer Gedanken, Handlungen und Reaktionen achten sollten. Er sagte auch, daß der Mensch selbst durch seine Gedanken andere verletzen kann, allerdings längst nicht so sehr, wie er sich selbst damit zu schaden vermag. Nur auf diesem Wege ist es möglich, ein tieferes Bewußtsein seiner selbst und der Menschen, mit denen wir ständig in Verbindung stehen, zu entwickeln. Wenn Christus sagte, daß wir unaufhörlich beten sollen, dann meinte er damit nicht, daß wir den ganzen Tag auf den Knien liegen müssen, sondern vielmehr, daß wir uns ständig der geistig-spirituellen Natur unserer Gedanken und Handlungen bewußt sein sollten – oder aber des Mangels an dieser Qualität.

Sich selbst zu erkennen bedeutet, das eigene Verhalten zu erforschen, unser Verhältnis zu anderen zu überprüfen, unsere Reaktionen auf Verhältnisse und Gegebenheiten, auf verschiedene Erfahrungen und Menschen zu untersuchen. Die größte Schwierigkeit entsteht dadurch, daß wir uns selbst bereits zu zahlreichen Aktivitäten verpflichtet haben, etwa den Lebensunterhalt zu verdienen, den Haushalt zu organisieren, für eine Familie zu sorgen, Kinder zu erziehen oder Verantwortung in einer Organisation zu tragen. Wenn wir uns auf so vielfältige Weise festgelegt haben, bleibt uns zu wenig Zeit, über uns selbst nachzudenken, andere zu beobachten, uns selbst zu erforschen. Bei sensiblen Menschen entwickelt sich in solchen Fällen eine Art nervöser Unruhe, manchmal auch Gereiztheit, weil sie ängstlich bestrebt sind, vorwärtszukommen. Sie wollen ein Ziel erreichen, etwas fühlen. Sie spüren, daß sie etwas viel Wichtigeres tun sollten, etwas Befriedigenderes. Doch ihnen bleibt kaum Zeit zur Selbstbeobachtung. Die Frustration hält an und wird immer stärker. Solche Menschen versuchen dann, ihre Enttäuschung dadurch zu überwinden, daß sie nach einem bequemeren Weg suchen, indem sie Gurus oder Lehrern folgen, deren Philosophie nachgehen, ihre Bücher lesen, sich mit deren Methoden und Ideen beschäftigen. Das ist nicht der richtige Weg, denn die Verantwortung dafür, sich selbst zu erkennen, bleibt stets bei jedem einzelnen von uns.

Es ist gut, auf erfahrene Philosophen und Erleuchtete zu hören, aber nehmen Sie niemals etwas in sich auf, ohne Fragen zu stellen. Wenn ein solcher Lehrer die Wahrheit spricht, dann wird sie in Ihnen nie mehr erlöschen. Die Wahrheit wird sich in Ihrem Leben, in Ihrem Handeln und in Ihren Beziehungen zu anderen Menschen offenbaren. Andererseits können Sie tausend Gurus, Lehrern und ihren speziellen Systemen Gehör schenken und von einem Ende der Erde zum anderen reisen: Zum Schluß kommen Sie doch auf sich selbst zurück. Zu sich selbst zurückkommen, sich selbst zu erkennen, *das* ist die Wahrheit. Die meisten Menschen kennen ihre eigene wahre Natur nicht, und deshalb ist es so schwierig für sie, festzustellen, wonach sie suchen.

Aber auch Selbsterkenntnis bietet keine endgültige Lösung für unsere Suche. Es gibt keine endgültige Lösung. Es kann niemals die totale Vollendung geben, weil Vollendung bedeutet, daß wir zu einem Abschluß gekommen sind. Wir sind auf der Suche nach dem *ganzen Selbst*, und das ganze Selbst ist nicht mit einem Stück Schokolade oder einem Schinkenbrötchen zu vergleichen. Solche Dinge haben ein eindeutiges Ende; sobald der Genuß daraus gewonnen ist, sind sie nicht mehr da, ihr Dasein ist vorbei. Das ganze Selbst aber ist ein endloser Strom. Während wir unser Selbststudium fortsetzen, während wir immer mehr über unser Selbst erfahren, kommen wir zu einem tieferen Verständnis, das von innen kommt. Ohne dieses Verständnis, ohne diese Selbst-Erfahrung, ist es nutzlos, Bücher zu lesen, die Ratschläge eines Lehrers zu befolgen. Das wären Aktivitäten ohne Sinn und Zweck. Wenn dagegen ein Mensch zu *erkennen* beginnt, dann bedeutet das, daß sich das Verständnis des ganzen Selbst entwickelt. Hier entsteht etwas, das nicht in den Bereich des alltäglichen menschlichen Geistes gehört. Hier findet eine subtile, ungewöhnliche Veränderung in den direkten Beziehungen zwischen Ihnen selbst, den Menschen und der unmittelbaren Umgebung, in der Sie leben, statt. Das ist der Anfang einer inneren Ruhe, die Ausdruck eines kreativen Glücks ist. Betrachten Sie einmal die Gesichter spiritueller Lehrer, Gurus und Mystiker, und Sie werden die Weisheit und Güte nicht nur sehen, sondern auch spüren. Dies sind Menschen, die zuerst sich selbst erforscht haben, die die einzelnen Bestandteile des Geistes erkannt haben und so zu einem Verständnis des ganzen Selbst gekommen sind. Das ganze Selbst ist Liebe und Weisheit.

Erleuchtung bedeutet Selbst-Erkenntnis, Erkenntnis des Ganzen, Selbst-Wahrnehmen. Erleuchtung ist kein langsam fortschreitender Prozeß, wie etwa das Studium der Mathematik, das Erlernen von Sprachen und die Aneignung kaufmännischen Wissens. Erleuchtung geschieht augenblicklich. Selbstverständlich geht diesem Augenblick eine lange, von vielen Enttäuschungen begleitete Vorbereitungszeit voran. Sie werden häufig Ungeduld spüren, und oft wird Ihnen der menschliche Geist einflüstern, daß Sie nur Ihre Zeit verschwenden. Aber die eigentliche Erfahrung der Erleuchtung geschieht dann so schnell wie ein plötzlicher Sprung vom Grund des Tales auf den Gipfel. Ganz genauso habe ich die Erleuchtung erlebt. Den einen Augenblick war ich traurig, niedergeschlagen und fühlte mich einsam, und im nächsten Moment erfolgte dieser Blitz der Erleuchtung. Das tiefe innere Wissen über das Selbst, über das Leben hat mich seither nicht mehr verlassen. Während der Meditation strömt das Verständnis für die Probleme des Lebens sofort in das Bewußtsein. Denken Sie daran, daß alle allmählich fortschreitenden Prozesse allein in den Bereich des logischen oder irdischen Geistes gehören, daß aber die Erleuchtung weit über den menschlichen Geist hinausgeht. Dieser menschliche Geist ist zwar fähig, Teile des Menschenwesens zu verstehen, aber der ganze Mensch wird sich ihm stets entziehen.

Wenn Sie sich allein auf den menschlichen Geist verlassen, der sich stets auf dem Marktplatz der irdischen Dinge herumtreibt, wird es Ihnen nie gelingen, das tiefe innere Selbst zu erreichen. Der menschliche Geist ist imstande, ein großartiger Schüler zu sein. Er kann ein großartiger Lehrer werden, ein Genius in irdischen Dingen. Er kann die Erleuchtung erforschen, er kann Schriften und Bücher über Gott studieren, er kann sogar behaupten, alles über Erleuchtung, über Religion und über Gott zu wissen, aber dennoch ist Erleuchtung nichts, was man verstehen könnte – es gibt nur die direkte Erfahrung des ganzen Selbst. Etwas oder alles über das ganze Selbst zu wissen bedeutet, nichts über die Realität des ganzen Selbst zu wissen. Erworbene Kenntnisse jeglicher Art sind nicht unmittelbare Erfahrung, sind nicht Wahrheit. Sie können alles über die Materie und über all die Dinge wissen, die Materie hervorbringen kann, aber Sie können nichts über das Bewußtsein wissen. Bewußtsein ist das Unbekannte. Alles was Sie wissen und kennen, einschließlich Körper und Gehirn, gehört zur Außenseite. Das ganze Selbst einschließlich der höchsten Bewußtseinsebene ist das lebendige Zentrum des Menschen. Die moderne Wissenschaft ist bis in unglaubliche Tiefen vorgestoßen, aber sie hat noch immer nichts als Kenntnisse zutage gefördert, Kenntnisse über jeden nur möglichen Aspekt der Außenseite, über jeden Ort, der sich nicht auf das Zentrum bezieht. Worte, Bücher, Tatsachen, Informationen und Kenntnisse sind die Resultate wissenschaftlicher Arbeit, aber man kann sich dem Zentrum nicht durch wissenschaftliche Mittel nähern, man muß selbst zum Zentrum werden! Sie können nicht über die Wahrheit Bescheid wissen, sondern Sie müssen zur Wahrheit werden. Sie können nichts *über* die Erleuchtung wissen, Sie müssen *selbst* erleuchtet werden. Mit anderen Worten: Das Stadium des Seins ist seine Wahrnehmung.

Es besteht keine Notwendigkeit, zu irgend jemandem hinzugehen, weil Sie immer zum gleichen Punkt zurückkehren werden – *zu sich selbst!* Sie können die Werke der Meister und Mystiker lesen, Sie können sich sogar wünschen, selbst einen der Meister auszusuchen, aber auch er kann nichts anderes tun, als Ihnen Instruktionen oder Anleitungen zu geben, wie Sie *zu sich selbst* kommen können – und auch diese Ratschläge gehörten in den Bereich der gesammelten Kenntnisse. Kein Meister, kein Mystiker und kein Weiser kann Ihnen die direkte Erfahrung vermitteln; er kann Ihnen nur sagen, daß Sie in sich selbst hineinsehen müssen. Der Mensch verbringt viel Zeit damit, zu suchen, zu prüfen, Kenntnisse zu erwerben von dem, was bereits da ist, was immer dagewesen ist. Aber er nimmt sich keine Zeit dafür, über die Kraft nachzudenken, die das alles geschaffen und an diese Stelle gesetzt hat. Wissenschaft ist trotz der erreichten ungeheuren Fortschritte und der ihr zur Verfügung stehenden Kollektion hochentwickelter Instrumente nicht imstande, über die Dinge hinauszugehen, die schon immer dagewesen sind. Die Wissenschaft ist unfähig, irgend etwas Neues zu schaffen. Sie entdeckt nichts völlig Neues. Die Erkenntnisse, die sie gewinnt, sind alt. Wie kann etwas neu sein, wenn es schon immer dagewesen ist? Die Wissenschaftler entdecken es nur. Der menschliche Geist ist etwas Altes, genau wie die Wissenschaft. Er sammelt Kenntnisse über Dinge, die immer dagewesen sind. Menschlicher Geist und Wissenschaft gehören zusammen, sie sind untrennbar. Sie können nur Informationen über Dinge der Sinnenwelt sammeln. Der menschliche Geist kann nichts Neues schaffen, er kann keine neuen Vorstellungen entwickeln, denn er ist nur imstande, Dinge mit Hilfe des Erinnerungsvermögens zu wiederholen, Dinge, die immer bekannt waren und immer dagewesen sind. Der menschliche Geist ist vollkommen unfähig, das Ursprüngliche zu erschaffen. Das Neue, das Ursprüngliche, ist nur im tiefen inneren Bewußtsein zu finden, niemals im menschlichen Geist.

Machen Sie sich diesen Gedanken bewußt: Sie sind bereits die absolute Realität, Sie sind bereits die absolute Freiheit, die höchste Weisheit, Wahrheit und Liebe. Das alles ist immer in Ihnen vorhanden gewesen; das Wahre, das Ursprüngliche sind immer Sie selbst gewesen. Leider ist Ihnen das nicht bewußt, weil zwischen Ihnen und der bewußten Wahrnehmung der menschliche Geist liegt, eine feste Mauer aus Dingen, zu denen die Gegenstände sinnlicher Wahrnehmung, Begierden, Ambitionen, Bücher, Schriften, Worte der Lehrer und so weiter gehören. Sie sind wie ein Mensch, der nur ein paar Zentimeter vor einer Ziegelmauer steht. Sie werden immer wütender, Ihre Frustration und Ihre Angst wachsen, weil Sie unfähig sind, vorwärtszugehen und nicht bemerken, daß Sie ja nur in die falsche Richtung blicken. Der Weg der Freiheit liegt hinter Ihnen.

Alles, was neu und ursprünglich ist, wird aus dem inneren Bewußtsein heraus geboren. Die Reise, zu der Sie sich anschicken, wird etwas ganz Neues, Ursprüngliches sein. Der menschliche Geist ist nur eine Kollektion unzähliger früherer Reisen. Sie waren vergeblich, sie führten nirgendwohin, sondern trugen nur zur weiteren Ansammlung nutzloser Erinnerungen bei. Revolutionen entstehen immer durch den Versuch, alte Ideen, Methoden, Gedanken und Gewohnheiten zu zerstören. Aus diesem Grund ist keine Revolution für die Seele notwendiger als die geistige Revolution, als eine Veränderung des menschlichen Geistes. Es gibt jedoch keine Revolution ohne Meditation. Alle Meditationsmethoden sind nichts anderes als eine Möglichkeit, den menschlichen Geist zu revolutionieren, so daß das innerste Bewußtsein schließlich an die Oberfläche steigt und der alte Geist beiseite gedrängt und schließlich vergessen wird. Der neue Geist gibt die Realität wieder. Alles wird neu, das Leben bekommt eine neue Dimension. Eine ganz neue Wahrheit wird sichtbar in allem, was man vorher als unabänderlich hinnahm. Das Leben ist nicht länger erfüllt von Befürchtungen und Ängsten. Sie erkennen, daß es niemals den Tod in dieser Welt gegeben hat. Das Leben ist ohne Anfang und ohne Ende.

Aus: Johanson, *Durch Schatten zum Licht*

Vom selben Autor sind bereits erschienen:

Zuerst heile den Geist
Heilkraft, die von innen kommt

Angst und wie man damit umgeht

Was ist zu tun in einer Situation, in der wir schlicht und ergreifend Angst haben? *Es hat keinen Zweck so zu tun, als hätten wir keine Angst.* Angst ist ein natürlicher Instinkt, ebenso wie Zorn, Hunger, Durst, Sex und Schlaf. Wie die anderen Triebe und wie die Fähigkeit zur Schmerzempfindung hat Angst in erster Linie eine lebenerhaltende und schützende Funktion. Problematisch wird es erst, wenn diese Triebe außer Kontrolle geraten.

Zuerst gilt es, die Angst zu erkennen. (Es ist nicht nötig, anderen davon zu erzählen.) Wenn du nicht schon vorher darüber nachgedacht hast, mußt du als nächstes entscheiden, wie du damit umgehst.

Es wird im allgemeinen zwischen drei Arten von Angst unterschieden:

1. Rationale berechtigte Angst
   Du weißt genau, daß du dich in einer Gefahrensituation befindest und mußt überlegen, welche Sicherheitsmaßnahmen zu treffen sind, eventuell für eine Flucht (z. B. vor einer in Panik geratenen Rinderherde), oder für das geringere von zwei Übeln (zum Beispiel ein sinkendes Schiff bei Unwetter verlassen oder von einem brennenden Gebäude springen) oder für ein kalkulierbares Risiko (z. B. einem anderen Menschen das Leben retten oder in Notzeiten seiner Bürgerpflicht nachkommen). Vorausdenken, seine Fähigkeiten kennen, wissen, wo eventuell benötigte Aus-

rüstung zu finden und wie sie zu handhaben ist, all das zeugt nicht von Ängstlichkeit, sondern von einer praktischen Veranlagung. Und es gibt neuen Mut, weil das Gefühl der eigenen Hilflosigkeit vergeht.

2. Gewohnheitsmäßige Angst (irrational)
Fast jeder kennt diese Form der Angst, die man irrational nennen kann, weil sie meist in keinem Verhältnis zu den vorliegenden Umständen steht. Wenn wir wissen, daß es eine Gewohnheit ist, können wir sie gerade deshalb oft ignorieren. (Nicht immer allerdings. Ein Bergsteiger, der nicht schwindelfrei ist, riskiert Kopf und Kragen; ein junger Zoowärter, der im Grunde Angst vor Tieren hatte, wurde denn auch gleich von mehreren angefallen. Nachdem ihn ein Koala angegriffen hatte, legte man ihm nahe, doch seinen Beruf zu wechseln.) Es lohnt sich daher immer, der irrationalen Angst auf den Grund zu gehen.
Wer häufig fliegt und dabei regelmäßig Angst hat, das Flugzeug könnte abstürzen, dem hilft vielleicht schon eine Wahrscheinlichkeitsrechnung. Außerdem sollte sich die betreffende Person einmal die Mühe machen, jedes Flugzeugunglück zu benennen, das in seiner Vorstellungskraft, insbesondere in seiner visuellen Vorstellungskraft, fest verankert ist. Wenn dir dazu nichts einfällt, denk abends im Bett noch einmal darüber nach, und warte ab, was deine Träume dir sagen. Darüber hinaus solltest du zu folgender Einstellung kommen:
»Ich weiß, daß Flugzeuge gelegentlich abstürzen, aber es gibt keinen trifftigen Grund dafür, daß gerade auf diesem Flug etwas passieren soll. Auf allen bisherigen Flügen habe ich mir große Sorgen gemacht und bin doch stets heil gelandet. Falls irgend etwas schiefgehen sollte, dann weiß ich, was zu tun ist. Das wird mir

helfen. Es schadet mir nur, wenn ich mich weiter beunruhige. Ich entspanne mich jetzt besser und denke nicht mehr daran.«

Es hat keinen Zweck, jemand anderem – oder auch sich selbst – zu sagen: »Hör auf, dir Sorgen zu machen!« Es ist ja gerade das Irrationale, das einen beunruhigt. Genausogut könnte man einem Baby sagen, daß es aufhören soll zu weinen, oder einer Katze, daß sie nicht länger den Vögeln nachspionieren soll. Um diesen Dingen ein Ende zu bereiten, muß man sich ablenken. Im vorliegenden Fall sollte man sich auf eine gleichmäßige und tiefe Atmung konzentrieren und nach und nach den gesamten Körper entspannen. Außer Entspannung gibt es noch andere Methoden, auf die wir später zu sprechen kommen. *Entspannung ist jedoch eine unabdingbare Voraussetzung. Sie hilft, eine schützende Aura aufzubauen, die durch Kummer und Sorgen stark in Mitleidenschaft gezogen wird.*

Wenn du weißt, daß deine Angst unbegründet ist, dann spiel nicht mit ihr herum, und gib ihr auch nicht nach. Denk einfach an etwas anderes. Atme gleichmäßig weiter, und versuche, dich zu entspannen.

3. Plötzliche Angst (irrational)

   Wir bezeichnen diese Angst als irrational, weil wir keinen vernünftigen Grund dafür sehen, obwohl die Angst durchaus berechtigt wäre, wenn wir die unterschwellige Einflußnahme auf unseren Geist wahrnehmen könnten.

In diesen Zusammenhang paßt auch die Geschichte von Claude G. Sawyer, der im Jahre 1909 eine Schiffsreise mit der *Waratah* von Sydney nach Kapstadt unternahm. Schon vor der Reise hatten andere begründete Zweifel an der Seetüchtigkeit des Schiffs. Neben ihrem Gespür besaßen sie das nötige Wissen, um ihren Gedanken Ausdruck verleihen zu können, entweder in der präzisen Fachsprache eines Physikprofessors: »Der Schwerpunkt des Schiffes liegt zu hoch...« oder in der schlichten Seemannssprache: »Es ist topplastig.«

Diesen letzten Satz hörte auch Sawyer öfter während der Überfahrt. Er selbst hatte bemerkt, daß das Schiff merkwürdig schlingerte, doch die Bedeutung dessen kam ihm nicht gleich zu Bewußtsein, oder aber er wollte es lieber nicht wahrhaben; denn er hatte in drei aufeinanderfolgenden Nächten einen schrecklichen Traum, der in sein Bewußtsein zu dringen suchte.

In diesem Traum erblickte er einen Mann in blutverschmierter Rüstung, der bedrohlich ein scharfes Schwert zückte und ihn bei seinem Namen rief. Sawyer muß diese furchterregende Gestalt wie der leibhaftige Tod vorgekommen sein, und so verstand er auch die Botschaft des Traumes. Wir wissen heute, daß das Traumbewußtsein der Psyche sein Anliegen an das Wachbewußtsein nur über eine Symbolsprache zum Ausdruck bringen kann. Jedes Traumsymbol hat seine Bedeutung, und der Tod kommt in der Regel nicht in einer Rüstung daher. Noch weniger würde ein Schiffsreisender zu Beginn dieses Jahrhunderts mit einer Rüstung eine Gefahrensituation auf See verbinden.

Einer modernen Deutung zufolge steht die grimmige Gestalt für den »freundlichen Schatten« (eine unterstützende Funktion der Psyche), der den Träumenden beim Namen ruft und mit dem Schwert vor einer drohenden Gefahr warnt. Die blutbefleckte Rüstung deutet darauf hin, daß er es nicht schaffen wird, sein Leben zu retten, wenn er in der gegenwärtigen Situation verharrt.

Wie auch immer man das Ganze interpretiert, es ist

nicht verwunderlich, daß Sawyer sich spätestens nach diesem dreimal wiederkehrenden Traum der Bedrohung, die vom Schlingern und Rucken des Schiffes ausging, voll bewußt war. Als die *Waratah* in Durban anlegte, ging er von Bord, ohne sich um das Gelächter einiger Mitreisender und den Verlust seines Tickets zu kümmern. Aber er handelte richtig. Bevor das Schiff Kapstadt erreichte, kam unerwartet ein Hurrikan auf, in dem das schlecht ausbalancierte Schiff wohl zu stark ins Schlingern geriet und sank. Claude G. Sawyer war der einzige Überlebende auf dieser letzten Fahrt.

Als die *Waratah* den Hafen von Durban endlich erreichte, war Sawyer verständlicherweise völlig fertig mit den Nerven, so daß er unmöglich länger an Bord bleiben konnte. Bis dahin hatte das Schiff trotz seines gefährlichen Baufehlers alle Überfahrten unbeschadet überstanden. Konnte das alarmierte und in seiner Wahrnehmung geschärfte Unterbewußtsein von Sawyer etwa das plötzliche Nahen des Wirbelsturms voraussehen? Wir wissen es nicht, aber es gibt Tiere, die so etwas spüren, und wir kennen einfach nicht die Grenzen menschlicher Instinkthandlungen.

Wir können jedoch mit absoluter Gewißheit sagen, daß die Wahrnehmung in einem solchen Fall über die erweiterte Aura abläuft.

Zum Zwecke der Forschung wäre es sicher interessant, mehr über das Leben und die Vorstellungen von Claude G. Sawyer zu erfahren, aber auch ganz allgemein betrachtet, verdeutlicht die Geschichte sehr gut den Zusammenhang zwischen den verschiedenen Funktionen der Psyche. In Anbetracht der Umstände können wir mit ziemlicher Sicherheit davon ausgehen, daß Sawyer nicht zu den ängstlichen Reisenden gehörte. Anfangs hatte er eine durchaus nachvollziehbare Angst vor der Reise. Mit dieser rationalen Angst hätte er wahrscheinlich leben können. Doch dann trat sein Unterbewußtsein auf den Plan. *Wenn wir in Krisenzeiten nicht mit unseren Instinkten zusammenarbeiten, kann es passieren, daß diese unsere beschränkte Vernunft vorübergehend ausschalten, um ihren Willen durchzusetzen.*

> *Deshalb ist es wichtig, daß wir üben, auf allen unseren Seinsebenen in uns »hineinzuhorchen«, um sie miteinander in Einklang zu bringen.*

So etwas ist nicht an einem Tag zu bewältigen. Manchmal kommt man nicht umhin, seinen gesamten Lebensstil neu zu überdenken. Natürlich können wir unser Leben nach unseren Vorstellungen gestalten; wichtig ist nur, daß wir an einen Punkt gelangen, an dem wir das tägliche Chaos nicht für zwingend notwendig halten.

Sawyer mußte seine Angst vor einem finanziellen und zeitlichen Verlust, seine Angst, für einen Sonderling gehalten und ausgelacht zu werden, überwinden, um dem Tod zu entgehen.

Wenn wir ein Gespür für Werte entwickeln und danach leben, haben wir gleich zweifachen Nutzen davon:

- *Wir werden, wann immer wir uns fürchten, wissen, was zu tun ist.*
- *Unser Höheres Selbst wird sich verstärkt um uns kümmern, so daß wir weitaus seltener Grund zur Angst haben.*

Inzwischen können wir aber mit einer praktischen Übung beginnen, uns selbst zu schützen; am besten, wir fangen gleich damit an. Langfristig dürfen wir nicht vergessen, uns immer wieder unsere Wertvorstellungen vor Augen zu halten. Das ist wichtig und erspart eine Menge

Sorgen und Zweifel im Laufe des Lebens. Doch sobald wir anfangen, unsere Aura zu stärken, werden wir mit wachsendem Mut und Selbstvertrauen und echtem psychischen Schutz belohnt.

Im folgenden möchten wir zwei Übungsformen vorstellen: eine allgemeine Form für den täglichen Gebrauch und eine für »Notfälle«.

Es ließe sich eine Menge über die Wunder berichten (wie auch einige Psychologen allmählich begreifen), die unser Höheres Selbst vollbringen kann, jene lebendige göttliche Flamme, die der wahre Kern und Ursprung unseres Wesens ist. Da dem Höheren Selbst der Funke des göttlichen Geistes innewohnt, ist es wahrhaft göttlicher Natur: Es ist die Liebe und das Leben des Göttlichen in dir und für dich. Zwischen deinem Höheren Selbst und dir besteht eine unendlich starke und innige Bindung. Das strahlende Höhere Selbst kennt dein Geheimnis, deine wahre Bestimmung im Leben und wird dich mit deiner Zustimmung gewiß zu diesem Ideal hinführen.

Doch das ist noch lange nicht alles. Dein Höheres Selbst ist für dich auch die nie versiegende Quelle göttlichen Segens. Wenn du diesen Segen für dich oder andere erbittest – gemäß den Prinzipien spiritueller Wirklichkeit –, kannst du vertrauensvoll das Licht deines Höheren Selbst anrufen, auf daß es dich erleuchte, stärke, erhalte und deine Wünsche Wirklichkeit werden.

Und damit kommen wir zu den zwei Methoden, die unsere Aura in den strahlenden und mächtigen Schutzschild verwandeln, den wir alle haben sollten.

Der Lichtturm

Allgemeine Methode für den täglichen Gebrauch

1. Atme tief und gleichmäßig durch (und behalte diesen Atemrhythmus während der ganzen Übung bei).
2. Lockere nach und nach den ganzen Körper.
3. Nimm eine aufrechte Haltung ein, ohne zu verkrampfen; die Arme hängen locker herunter. (In der Praxis wird es Situationen geben, in denen es nicht immer möglich oder sinnvoll ist zu stehen. Wenn du gehst, dann aufrecht und in einem ruhigen, gleichmäßigen Rhythmus, während die Arme lokker mitschwingen. Wenn du sitzt, dann mit gerader Wirbelsäule und geschlossenen Beinen; die Füße dabei fest auf den Boden drücken und die Arme in die Hüften stemmen. Ansonsten gelten die gleichen Anweisungen wie im Stand. Für die tägliche Übung wird dringend die aufrechte Haltung empfohlen, es sei denn, du bist gesundheitlich stark angeschlagen.)
4. Visualisiere um dich herum ein ovales, wolkenartiges Gebilde aus leuchtendblauem Licht, das seitlich etwa 20 cm und am Kopf und an den Füßen etwa 40 cm über den physischen Körper hinausreicht. (Die emotionale Aura dehnt sich noch viel weiter aus und wird meist silbrig visualisiert; zu Verteidigungszwecken muß sie allerdings blau sein; zudem lassen sich die nötigen Voraussetzungen leichter in einem kleineren Rahmen schaffen.)

5. Wenn du es schaffst, dir dieses Lichtfeld klar und deutlich vorzustellen (oder dir dessen bewußt zu sein), geh noch einen Schritt weiter, und visualisiere am höchsten Punkt dieser Aura, knapp oberhalb deines Kopfes, eine Lichtkugel in strahlendem Weiß.
6. Konzentriere dich ganz auf diese Lichtkugel, damit sie noch heller strahlt, weißglühend wie brennendes Magnesium. (Du brauchst dafür nicht nach oben zu blicken; es genügt, wenn du ihre Gegenwart spürst.) Dieses geistige Bild steht für das Licht deines Höheren Selbst, das tatsächlich vorhanden ist; und daß du die Lichtkugel schwebend über deinem Kopf visualisierst, hat seinen Grund: Du willst das Höhere Selbst nicht mit deinem bewußten Selbst, deinem Ego, gleichsetzen.
7. Vertiefe diese beiden Visualisierungen: das leuchtendblaue Oval, das dich schützend umgibt, und die strahlend weiße Kugel über deinem Kopf, am Scheitelpunkt der Aura.
8. Strebe – die strahlende Kugel über deinem Kopf stets vor Augen – nach dem höchsten Gut, das du dir vorstellen kannst; erkenne, daß diese visualisierte Kugel ein Stück wahre göttliche Macht verkörpert.
9. Wenn du soweit bist, stellst du dir vor, wie diese glänzende Kugel glitzerndes Licht aussendet. Dieses silbern funkelnde Licht überflutet deine Aura und durchdringt in pulsierenden Strömen deinen ganzen Körper.
10. Den äußeren Rand deiner Aura bildet das klar umrissene leuchtendblaue Oval, während das Innere des Kraftfeldes jetzt von

einem lebendigen, pulsierenden, funkensprühenden Licht erfüllt wird.
Halte dir dieses lebendige Bild noch eine Weile vor Augen (solange die Konzentration reicht) und spüre, wie dich die Lichtteilchen in pulsierenden Strömen ständig durchdringen. Dieses Licht ist unerschöpflich, denn es wird von der göttlichen Quelle gespeist. Spüre, wie es – strahlend hell und funkelnd – unaufhörlich in deiner Aura kreist und dabei die äußere Schicht, die harte Schale des blauen Ovals verstärkt. Erlebe dich glückselig und wachsam inmitten dieses herrlichen Ausdrucks göttlicher Macht.

11. Blende diese Vorstellung langsam aus deinem Bewußtsein aus, wohl wissend, daß sie nicht aus der Realität verschwindet.

Sei dir deiner Aura bewußt! Andere sind sich ihrer auch bewußt: Sie spüren, ob sie stark oder schwach, wach oder träge, leuchtend oder trüb ist. Je mehr Vertrauen du in deine Aura hast, desto stärker wird sie. Je stärker deine Aura wird, desto stärker wirst du selbst.

Aus: Denning/Phillips, *Psychischer Selbstschutz. Die Entwicklung positiver Kräfte*

Die Tiere

Alles Existierende stellt nur unterschiedliche Verdichtung des Geistes Gottes dar. Deshalb erstreckt sich das Gebot »Liebe deinen Nächsten« auf alle Lebewesen, auf die Tiere und auch auf die Pflanzen. Sie alle tragen das Göttliche in sich, wenn auch auf verschiedene Weise. Doch der göttliche Funke, der allem innewohnt, ist in seinem Wesen der gleiche.

Auch die Tiere erfüllen eine wichtige Aufgabe. Sie leben ähnlich wie die Pflanzen- und die Mineralwelt nur aus dem Gedanken Gottes heraus. Sie dulden, wenn geduldet werden muß, sie leiden, wenn gelitten werden muß, damit der Mensch in seiner Multidimensionalität sich entwickeln kann. Die Tiere sind reine Wesen und werden, so lange die Entwicklung des Menschen besteht, sich in ihrer Struktur ihm anpassen.

Wenn Tiere sterben, leben sie in astralen Sphären weiter, laden sich dort mit Kraft und mit den ihnen angestammten Verhaltensweisen auf und kehren gestärkt im Dienste an Gott und Mensch immer wieder auf die Erde zurück. Das Bewußtsein der Tiere bildet bis zur dritten Astralsphäre und über alle Planeten hinweg, in denen sich Leben entwickelt, eine Energie, die die Ströme des Leidens auffängt.

Das Bewußtsein der Tiere ist ein wichtiger Schutzmantel, welcher verhindert, daß die gewaltigen Energien aller Leiden in andere Sphären fließen. Es gibt eine natürliche schwingungsmäßige Seelenausstrahlung unter allen Tieren, die ihnen die Kraft verleiht, ihren von Gott gegebenen Auftrag zu erfüllen.

Der Grundgedanke Gottes, welcher das Bewußtsein des Tieres prägte, ist ein anderer als beim Menschen. Der Mensch verbindet sich im Laufe seiner Leben karmisch immer wieder mit Menschen. Sie sind untereinander Stufen, die zur Weiterentwicklung dienen. Beim Tier ist das nicht so. Wohl hat das Tier eine Seele, aber nicht wie der Mensch. Vielmehr bildet das Bewußtsein aller Tiere eine Seele. Die Tiere untereinander haben sich nicht in der gleichen Verantwortung zu entwickeln wie wir Menschen. Ein Tier ist nicht für ein anderes verantwortlich, wie wir Menschen für andere Menschen mitverantwortlich sind. Die Verantwortlichkeit der Tiere ist meistens auf den Familienverband ausgerichtet und nur in ganz seltenen Fällen darüber hinaus.

Immer wieder entsetzen sich Menschen, wenn ein größeres Tier ein kleineres reißt. Doch dieses Verhalten ist im inneren Programm des Tieres als Grundmuster so vorhanden, daß es dieses Geschehen als etwas Natürliches empfindet. In dem Moment, wo ein Tier von einem anderen angefallen wird und es in sich die Gewißheit spürt – und das Tier spürt sie tatsächlich –, daß sein Leben damit ein Ende hat, werden Hormone in den Körper des Tieres ausgeschüttet, die eine sofortige Veränderung des Schmerzempfindens auslösen. Das Tier wehrt sich zwar in einem solchen Moment unbewußt über die Reflexe, weil dies dem Instinkt eingeprägt ist, spürt aber den Schmerz nicht, wie er oft von uns Menschen empfunden und dargestellt wird. Das Tier selbst kann sich in einem solchen Moment schützen. Was wir Menschen als Grausamkeit unter Tieren bezeichnen, existiert im Bewußtsein, im natürlichen Programm der Tiere nicht, weder beim jagenden noch beim gejagten.

Wahrscheinlich leiden die Tiere unter viel größerer

Angst, wenn der Mensch ihnen Schmerzen zufügt; denn das Seelenbewußtsein des Tieres ist so angelegt, daß es dem Menschen nützen, dienen und in Freundschaft begegnen will. Natürlich gilt dies nicht für die Tiere, die in der Wildnis leben. Wenn Menschen Tiere quälen und unnütze Tierversuche ausführen, laden sie eine sehr große Schuld auf sich, die sie dann in späteren Leben wieder auszugleichen haben, zum Beispiel durch Pflege von Tieren. Wenn ein Mensch viele Tiere gequält hat, kann es schon einmal vorkommen, daß er in einer späteren Inkarnation durch den Angriff eines Tieres sein Leben lassen muß.

Im kommenden neuen Zeitalter wird es keine Tierversuche mehr geben, weil das Bewußtsein der Menschen dann so weit entwickelt ist, daß viele verborgene geistige Gesetze für sie als Quellen der Information zur Verfügung stehen. Dann wird es zur Erziehung und zum täglichen Leben gehören, daß sich Menschen von Kindheit an in der Meditation üben und sich dadurch Zugang verschaffen zu neuen Dimensionen des Wissens, ohne daß die Natur oder die Tierwelt darunter zu leiden hätten. Die Unruhe der heutigen Gesellschaft, die Unzufriedenheiten, die Ängste und Unsicherheiten, sie alle sind Vorboten und tragen dazu bei, daß die Menschen sich einst in diesem Bewußtsein der neuen Zeit zu Hause fühlen. Ich glaube, daß viele der heute lebenden Menschen durch Katastrophen und andere Einflüsse über die Schwelle der Erde treten werden, aber, da sie sich in der Vorbereitungszeit für das neue Zeitalter befunden haben, auch sehr schnell wieder inkarnieren und als Lehrer auf die Erde zurückkehren werden.

Wenn ein Tier getötet werden muß, sollten wir mit diesem Tier vorher in Liebe sprechen und ihm erklären, was jetzt aus Gründen – wie immer sie sein mögen – geschehen muß. Ein solches Verhalten dem Tier gegenüber wäre im Sinne des Geistes Gottes. Wenn beispielsweise ein Mensch krank oder traurig ist, nehmen die Tiere, und zwar nicht nur der Hund, auch die Katze, die Pferde, die Schafe, die Schwingungen des Meisters auf. Muß ein solches Tier, das sich einem Menschen anvertraut hat, für irgendwelche Zwecke, die der Menschheit dienen, benutzt werden, können wir dies dem Tier mit Worten schwingungsmäßig vermitteln, und es kann dies dem ihm eingegebenen Programm gemäß verstehen. Durch dieses höhere Verantwortungsbewußtsein dem Tier gegenüber kann der Mensch die Schuld an den Tieren verringern oder aber sie sogar auflösen.

Auch die Tiere haben ein Unterbewußtsein. Seine Funktion ist allerdings verschieden von der des menschlichen Unterbewußtseins. Ein Hund hat als Unterbewußtsein das Programm aller Hunde, also vom kleinsten bis zum größten Hund, in sich. Sein Unterbewußtsein kennt alle Verhaltensweisen dieser Tiergruppe. Auch die negativen Erfahrungen mit anderen Tieren und mit Menschen sind als Verhaltensprogramm in seinem Unterbewußtsein vorhanden.

Aus: Wallimann, *Das Wunder der Meditation*

Gebet für die Natur

Gott, Vater, nimm auf der Bäume Klagen.
Erbarme Dich der Wunden der Natur.
Laß ihren Tod nicht zu
für menschliche Gewinne.
Erhebe Deine Hand in Gnade.
Wir bitten Dich,
erlös' mit Deinem liebend' Herz
die Natur von ihrem Schmerz.
Gott, Vater, wir danken Dir.
Amen.

Aus: Wallimann, *Mit Engeln beten*

Das mutige Stinktier

Man warnt dich davor, mit mir zu tollen,
sagt dir, du würdest es *nie wieder* tun wollen.
Sie sagen, ich würde fürchterlich stinken,
an Freundschaft mit mir sei gar nicht zu denken.
Wie man von mir spricht, finde ich gemein,
ich möchte doch einfach dein Freund nur sein!

Du bist mir ja noch nie begegnet,
wie kannst du glauben, was da wird geredet?
Kämst du nur einmal zu mir her,
würdest du sehen, ich bin viel mehr.
Wie man von mir spricht, finde ich gemein,
ich möchte doch einfach dein Freund nur sein!

Sie reden von meinem üblen Geruch,
der schlüge alle in die Flucht.
Wirklich gut kennt mich keiner von ihnen,
wie also soll ich dieses Urteil verdienen?
Wie man von mir spricht, finde ich gemein,
ich möchte doch einfach dein Freund nur sein!

Hörst auf ihren Tratsch und Klatsch du grad',
entgeht dir ein wirklich guter Kamerad.
Doch vertraust du deinen *eigenen* Gefühlen,
findest du einen Freund zum Spielen.
Wie man von mir spricht, finde ich gemein,
ich möchte doch einfach dein Freund nur sein!

Was lernen wir daraus?

Hast du schon einmal einen Menschen über einen anderen schlecht reden hören? Wenn ja, möchte ich dich fragen: Was kam dabei heraus? Etwas Gutes? Natürlich nicht. Wenn du auf Tratsch und Klatsch hörst, zeigst du anderen nur, daß du nicht für dich selbst entscheiden und deine eigenen Freunde auswählen kannst. Über andere schlecht zu sprechen ist ganz schlimm.

Wenn die anderen wissen, daß du von Klatsch und Tratsch nichts hören willst, werden sie sich ein wenig dafür schämen, daß sie Geschichten über andere verbreiten. Vielleicht hören sie sogar damit auf.

Du bist ein Teil von Gottes Geist – so, wie alle anderen Menschen auch. Ganz gleich, *was* ein Mensch Schlechtes getan hat, wir sollten ihm nichts Übles nachsagen. Laß die Klatschmäuler einfach stehen. Verlasse dich auf deine eigene Urteilskraft, die Gott dir mitgab, um andere zu sehen.

Jeder Mensch auf der Welt hat mit Sicherheit mindestens eine Sache gemacht, für die er sich schämt oder die ihm leid tut. Und *weil* wir Teil Gottes *sind*, müssen wir ihnen vergeben und das Urteilen Gott ganz allein überlassen. Du würdest bestimmt nicht wollen, daß andere über dich tratschen! Halte dich deshalb von denen fern, die über andere reden.

Aus: Rain, *Mutter Erde, Vater Wind und die Geheimnisse des Lebens. Spirituelles Wissen für Kinder*

Schönheit der Natur: Erde – Feuer – Wasser – Luft

»Wäre das Auge nicht sonnenhaft, die Sonne könnt' es nicht erblicken«, formulierte Goethe. Der Volksmund weiß ebenfalls um diesen Zusammenhang und geht davon aus, daß die Schönheit im Auge des Betrachters liegt. Sobald wir uns mit Schönem beschäftigen, finden wir Anklang an unsere innere Schönheit. Wo aber können wir heute Schönes finden? Jahrhunderte hindurch haben wir uns bemüht, die vorgefundene Natur zu verbessern. Heute ist es hohe Zeit, zu erkennen, daß wir mit all unseren eindrucksvollen technischen Mitteln nicht fähig waren, auch nur annähernd etwas zu erschaffen, das in seiner Schönheit einer Blume nahekäme. In der Natur finden und suchen Menschen Erholung von der auf die Dauer schwer erträglichen technischen Welt, und sie begegnen einer Schönheit und Harmonie, die von Menschen unerreicht ist und wohl auch bleiben wird.

Die Schöpfung braucht unsere Verbesserungen nicht. *Natür*liche Harmonie ist höchste Formvollendung. Wo sie uns unerreichbar fern ist, wie oft im Arbeitsalltag, versuchen wir sie in Bildern einzufangen. Daß uns das gelingt, liegt an den inneren Bildern, die wir als eine andere Art seelischen Erbgutes in uns tragen. Archetypische Muster, die nach C. G. Jung den Schatz unserer Seele ausmachen, umfassen auch Bilder unberührter Natur, die die Schöpfung zeigen, wie sie ganz zu Anfang war: unberührt von Menschenhand.

Auch heute noch kommen wir der Schöpfung nahe,

wenn wir uns unberührter Natur zuwenden, die so deutlich wie am ersten Tag die Handschrift des Schöpfers trägt. Durch ihre ungezählten Formen, läßt sie noch immer die Erkenntnis schimmern, daß alles eins und verbunden ist. Was, wenn nicht ursprüngliche Natur, könnte uns Vollkommenheit enthüllen und ein Gefühl von Zugehörigkeit zur Welt! Wir bräuchten Mutter Natur nur dort zu betrachten, wo sie noch heil ist, und könnten ihre Heiligkeit erleben. Es ist die eigene, in uns angelegte Vollkommenheit, die sich in ihr spiegelt und unsere Sehnsucht anregt. Wir erkennen instinktiv in dieser Harmonie, wie wir sein könnten und eigentlich gemeint sind. So ist es natürlich, daß archaischen Völkern die Natur heilig war und sie ihr (Seelen-)Heil in ihr suchten.

Aber nicht nur alte Kulturen suchten und fanden Heilung in freier Natur. Auch wir Modernen verlegen Kurkliniken und Sanatorien in unberührte, das heißt noch heilkräftige Landschaften. Selbst noch der Zivilisationsmensch sucht im Urlaub instinktiv Natur, um die erschöpften Kräfte von Körper und Seele zu regenerieren. Sehnsucht nach frischer Luft, strahlender Sonne, reinem Wasser und unverbrauchter Erde, kurz die Sehnsucht nach den vier Elementen, löst jeden Sommer wahre Völkerwanderungen aus.

Bei diesen alljährlichen Wanderungen, die in ihrem Ausmaß die Vorbilder des Altertums weit in den Schatten stellen, geht es den Zivilisationsflüchtlingen genau wie den Menschen der Antike um die vier Elemente: das Feuer der Sonne, die Wasser von Meeren, Seen und Flüssen, frische Luft und unverbaute Erde.

Es mag noch leicht sein, lebendige Erde abzubilden, doch auch fließendes Wasser ist mitten in strudelnder Bewegung eingefangen – um vor unserem inneren Auge weiterzufließen. Das lodernde Feuer geriet in all seiner

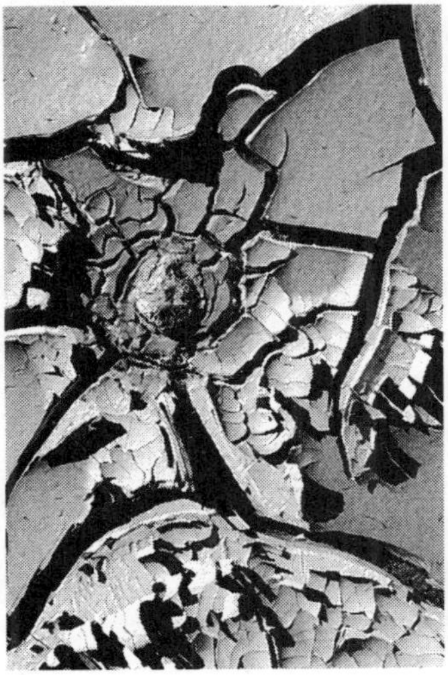

Unberechenbarkeit in die Falle des Fotografen, ohne dabei seine urwüchsige Kraft zu verlieren. Die Leichtigkeit der Luft einzufangen, das Flüchtige zu bannen, das unendlich Bewegliche dingfest zu machen erfordert die Kunst des Schauens und die Geduld der Meditation.

Die Bilder aus den vier Reichen übertragen ihre meditativen Schwingungen auf den Betrachter. Er kann in sie versinken und einen Hauch eigener Ganzheit durch sie spüren – und wahrnehmen, daß die Welt, das Ganze, so viel mehr ist als die Summe ihrer Teile.

Unsere Alltags-Augen sind solch direkte Begegnung mit den Elementen in ihrer ursprünglichen, ungetrübten Erscheinungsform kaum noch gewohnt. Das ist nicht nur schade, sondern sogar gefährlich. Konrad Lorenz sah seelische Schäden auf jene Generationen zukommen, die in »Schuhschachtelwelten« aufwachsen, in denen natürlich geschwungene Formen der Natur durch rechte Winkel und phantasielose Geraden ersetzt sind. Tatsächlich »leben« viele Großstadtmenschen heute in ähnlichen Verhältnissen wie jene Hühner und Kälber, die in Legebatterien und Maststallungen zur menschlichen Ernährung herhalten müssen: in Appartements, auf engstem Raume, durch dünne Wände voneinander getrennt, in einer auf höchste Effizienz getrimmten Umwelt, wo Raum und Zeit gleichermaßen knapp und teuer sind.

In den Türmen des New Yorker *World Trade Center* arbeiten mehr Menschen, als in der Stadt Salzburg leben. Natur in Form eines eigenen Gartens wird zum unerschwinglichen Luxus. Meist reicht es in den Schuhschachteln der eigenen vier Wände gerade für ein paar Blumentöpfe oder Zierfische in einem viereckigem Glasgehäuse, das nur noch entfernt an Natur erinnert. Trotzdem hat auch noch der Blick in solch ein Aquarium meßbar entspannende Wirkung und wird bereits auf Videokassette angeboten!

Wieviel entspannender und gesünder muß die Betrachtung freier Natur sein! Hier liegt wirkliche Heilung nahe – in den Ballungsgebieten unserer Zivilisation können wir sie nicht mehr erwarten. Dort haben wir erhebliche Mühe, das herrschende Elend zu verwalten. Die Sehnsucht nach heiler Natur ist natürlich und gesund. Tatsächlich gibt es bereits Kliniken, die Naturbilder zu Heilzwecken einsetzen.

Vielleicht ist die alltägliche Umwelt, die wir ständig sehen (müssen), einer der Gründe für unser schlechtes Sehen. Vielen jungen Menschen nimmt die Volkskrankheit Kurzsichtigkeit den Fernblick. Archaische Menschen, die, aufs engste mit der Natur verbunden, auch nur ursprüngliche Natur sehen, kennen dieses Problem nicht. Erscheint es uns Modernen vielleicht nicht mehr lohnend, unsere entzauberte Welt klar zu sehen? Versuchen wir, sie mit kollektiver Fehlsichtigkeit wieder zu verzaubern, einen milden Schleier und Weichzeichnereffekt vor unsere gequälten Linsen zu legen, um die harte Wirklichkeit ertragen zu können?

Die Wiederverzauberung unserer entweihten Welt ist noch immer möglich. In den urwüchsigen Bildern der Elemente wird all ihr Zauber offenbar, und wer schauen kann, wird bezaubert sein. Aber selbst wer den Zugang zum Zauber der Natur verloren hat, wer nicht mehr schauen, sondern nur noch so recht und schlecht sehen kann, findet hier eine Möglichkeit, wieder sehend zu werden und schauen zu lernen.

Mit dem Zugang zur äußeren geht auch der Zugang zur eigenen inneren Natur verloren. Ihn wiederzufinden ist eine therapeutische *Not*wendigkeit. Selbst die Medizin erkannte im letzten Jahrzehnt die Heilkraft innerer Bilder. Krebspatienten, die ihre befallenen Organe auf der Seelenbilderebene wieder freikämpfen, haben deutlich bessere Überlebenschancen.

Was sich als Chance für den Mikrokosmos Mensch erweist, kann auch zur Hoffnung für den Makrokosmos Erde werden. Die Wiedergewinnung intakter innerer Bilder von der äußeren Welt könnte – wenn sie vielen Menschen geschieht – diese Welt nachhaltiger verändern als die vielen Appelle der Umweltpolitik. In uns ist nicht mehr viel, aber doch noch genausoviel heile Natur wie auf dieser Erde. Je mehr wir diesen Teil von uns anregen und beleben, desto mehr kommen wir umgekehrt in die Lage, das Heile und damit Heilende auch außerhalb wahrzunehmen. Wichtiger für unsere innere Ausgewogenheit als äußere sind folglich innere Reisen in die Welt der Bilder und Träume, Märchen und Mythen. Die Schönheit liegt in uns. Wenn wir sie nicht mehr *wahr*nehmen, werden wir uns im Häßlichen verlieren.

Lassen wir uns die Welt in ihren vier Elementen zeigen.

Elemente in ihren natürlichen Erscheinungsformen – Verbindungen von innen und außen – an die heile Welt erinnernd – Heilung für die Seele – Hoffnung für die Zukunft.

Aus: Blum/Dahlke. *Erde – Feuer – Wasser – Luft*

Die Einfachheit der Liebe

Ein Mann in der Kleidung des Bettelmönchs kam jeden Morgen, um Blüten von den Bäumen eines nahegelegenen Gartens zu sammeln. Seine Hände und Augen gierten nach den Blüten, und er pflückte jede Blüte innerhalb seiner Reichweite. Offensichtlich wollte er sie irgendeinem toten Bildnis, einem Ding aus Stein opfern. Die Blüten waren liebliche, zarte Gebilde, die sich gerade der Morgensonne öffneten. Er pflückte sie aber nicht behutsam, sondern riß sie ab und richtete den Garten böse zu, indem er ihn völlig seiner Blumenpracht beraubte. Sein Gott verlangte viele Blumen – viel Lebendiges für ein totes Bildnis aus Stein.

An einem anderen Tag sah ich einige Jungen Blumen pflücken. Sie wollten die Blumen nicht irgendeinem Gott darbieten; sie unterhielten sich und rissen dabei die Blumen gedankenlos ab und warfen sie fort. Haben Sie schon bemerkt, daß Sie selbst auch so etwas tun? Ich frage mich, warum Sie das tun? Während Sie so spazierengehen, brechen Sie vielleicht einen Zweig ab, streifen seine Blätter ab und lassen ihn fallen.

Haben Sie diese gedankenlose Handlung bei sich selbst nicht bemerkt? Erwachsene tun das auch: Sie drücken ihre innere Brutalität, diese entsetzliche Mißachtung des Lebendigen, auf ihre Weise darin aus. Sie sprechen über das Nichtschädigen, und doch ist alles, was sie tun, destruktiv. Man kann verstehen, wenn Sie ein oder zwei Blumen pflücken, um sie in Ihr Haar zu stecken oder sie liebenvoll jemand zu schenken – aber warum reißen Sie Blumen einfach ab? Die Erwachsenen sind in ihrem Ehrgeiz häßlich, sie schlachten sich in ihren Kriegen gegenseitig ab und korrumpieren sich mit Geld. Sie handeln auf ihre eigene grauenvolle Weise, und offenbar treten die jungen Leute hier wie anderswo auch in ihre Fußstapfen.

Neulich ging ich mit einem der Jungen spazieren, und wir stießen auf einen Stein, der auf der Straße lag. Als ich ihn entfernte, fragte er: »Warum haben Sie das getan?« Worauf weist das hin? Ist das nicht ein Mangel an Achtsamkeit, an Respekt? Sie zeigen Respekt aus Furcht, oder nicht? Sie springen sofort auf, wenn ein Erwachsener in das Zimmer kommt, aber das ist kein Respekt, sondern Angst; denn wenn Sie wirklich Ehrfurcht empfänden, würden Sie auch keine Blumen zerstören. Sie würden einen Stein von der Straße entfernen. Sie würden die Bäume pflegen und sich mit um den Garten kümmern. Aber ob wir alt oder jung sind, wir haben kein wirkliches Gefühl von Rücksicht. Warum? Vielleicht, weil wir nicht wissen, was Liebe ist.

Verstehen Sie, was einfache Liebe ist? Weder die Komplexität sexueller Liebe, noch die Liebe Gottes, sondern einfach Liebe, Zärtlichkeit, wirkliche Freundlichkeit in unserer ganzen Einstellung zu allen Dingen. Zu Hause bekommen Sie nicht immer diese einfache Liebe. Ihre Eltern sind zu beschäftigt; zu Hause gibt es vielleicht keine wahre Zuneigung, keine Zärtlichkeit, also kommen Sie mit diesem Hintergrund an Unempfindlichkeit hierher und benehmen sich wie jeder andere. Und wie soll man diese Empfindsamkeit hervorbringen? Nicht indem Ihnen verboten wird, Blumen zu pflücken, denn wenn Sie nur durch Verbote zurückgehalten werden, herrscht Furcht. Aber wie kann diese Empfindsamkeit zustande kommen, die Sie wach dafür

Such nicht nach dem Licht:
Sei selbst ein Licht!

macht, andere Menschen, Tiere, Blumen nicht zu verletzen?

Interessiert Sie dies alles? Es sollte! Wenn Sie nicht daran interessiert sind, empfindsam zu sein, könnten Sie genausogut tot sein – und die meisten Leute sind das. Obwohl sie ihre drei Mahlzeiten am Tag essen, Arbeit haben, Kinder zeugen, Autos fahren, schöne Kleidung tragen, sind die meisten Leute so gut wie tot.

Wissen Sie, was es bedeutet, empfindsam zu sein? Es bedeutet sicherlich, ein zärtliches Gefühl für etwas zu haben: ein Tier leiden zu sehen und sich darum kümmern, einen Stein vom Weg zu nehmen, weil dort viele Menschen barfuß gehen, einen Nagel von der Straße aufheben, weil ein Autoreifen platzen könnte. Empfindsam zu sein heißt, mit Menschen, mit Vögeln, mit Blumen, mit Bäumen zu fühlen – nicht weil sie Ihnen gehören, sondern einfach deshalb, weil Sie für die außergewöhnliche Schönheit von Dingen wach sind. Und wie kommt es zu dieser Empfindsamkeit?

In Augenblicken tiefer Empfindsamkeit pflücken Sie natürlich keine Blumen; Sie haben den spontanen Wunsch, keine Dinge zu zerstören, Menschen nicht zu verletzen, und das bedeutet, wahre Ehrfurcht zu besitzen, zu lieben. Zu lieben ist die wichtigste Sache im Leben. Aber was meinen wir mit Liebe? Wenn Sie jemand lieben, weil diese Person Sie wiederum liebt, ist das sicher keine Liebe. Zu lieben ist, dieses außerordentliche Gefühl der Zuneigung zu haben, ohne etwas dafür zu erwarten. Sie sind vielleicht sehr klug, Sie mögen alle Prüfungen bestehen, einen Doktortitel bekommen und in eine hohe Stellung aufsteigen, aber wenn Sie diese Empfindsamkeit nicht haben, dieses Gefühl einfacher Liebe, wird Ihr Herz leer sein, und Sie werden für den Rest Ihres Lebens darunter leiden.

Es ist also sehr wichtig, daß das Herz mit diesem

Gefühl von Zuneigung erfüllt ist, denn dann werden Sie nichts zerstören; Sie werden nicht skrupellos sein, und es wird keine Kriege mehr geben. Dann werden Sie glückliche Menschen sein; und weil Sie glücklich sind, werden Sie nicht beten, werden Sie Gott nicht *suchen* – denn dieses Glück selbst ist Gott.

Nun, wie kann diese Liebe entstehen? Liebe muß sicherlich mit dem Erzieher, dem Lehrer beginnen. Wenn der Lehrer, außer Sie in Mathematik, Geographie oder Geschichte zu unterrichten, dieses Gefühl von Liebe in seinem Herzen hat und darüber mit Ihnen spricht, wenn er spontan den Stein von der Straße räumt und nicht dem Dienstboten alle schmutzigen Arbeiten überläßt, wenn er bei seinen Gesprächen, bei seiner Arbeit, bei seinem Spiel, beim Essen, ob er nun mit Ihnen zusammen oder für sich allein ist, diese seltsame Empfindung hat und Sie oft darauf hinweist – dann werden auch Sie erkennen, was es heißt zu lieben.

Sie mögen eine reine Haut und ein schönes Gesicht haben. Sie tragen vielleicht einen hübschen Sari oder sind ein guter Sportler, aber ohne Liebe in Ihrem Herzen sind Sie ein häßlicher Mensch, maßlos häßlich; und wenn Sie lieben, strahlt Ihr Gesicht, ob es nun häßlich oder attraktiv ist.

Zu lieben ist das Großartigste im Leben. Es ist sehr wichtig, über Liebe zu sprechen, sie zu spüren, sie zu nähren, sie zu schätzen, sonst ist sie schnell vergangen, denn die Welt ist sehr brutal. Wenn Sie keine Liebe spüren, wenn Sie andere Menschen, Tiere und Blumen nicht liebevoll anschauen, während Sie jung sind, werden Sie später als Erwachsener feststellen, daß Ihr Leben leer ist. Sie werden sehr einsam sein, und die dunklen Schatten der Angst werden Ihnen überallhin folgen. Aber vom Augenblick an, in dem sie in Ihrem Herzen dieses Außergewöhnliche haben, das Liebe genannt wird, und Sie ihre

Tiefe spüren, ihr Entzücken, ihre Ekstase, werden Sie entdecken, daß für Sie die Welt verwandelt ist.

Aus: Krishnamurti, *Antworten auf Fragen des Lebens*

Lesen Sie außerdem:

Pupul Jayakar, *Krishnamurti – Leben und Lehre*
NAHRUNG FÜR DIE SEELE: Krishnamurti, *Glück oder die Stille des Geistes*

Begegne dem in Ehrerbietung,
der reifer ist als du –
umgib den mit Liebe,
der deiner noch bedarf.

Lao Tse

Die Wahrheit über den Storch

Du kennst die Wahrheit über den Storch, aber kennst du auch schon die Geheimnisse der chinesischen Küche?

Für diejenigen, denen es bis jetzt vielleicht entgangen ist, sei's hiermit verkündet: Das Thema S-E-X ist ziemlich emotionsgeladen. Alle Autoritäten (und alle, die schon mal sexuelle Regungen verspürt und ihnen nachgegeben haben, fühlen sich diesbezüglich als Fachmann) sind sich soweit einig, daß Sex mit Liebe rein gar nichts zu tun hat. Anders ausgedrückt: Es handelt sich hierbei um einen körperlichen bzw. biologischen Trieb*. Da Sex also ein Instinkt ist, ist es auch gerechtfertigt, Sex als etwas Natürliches zu betrachten.

Da erhebt sich nun die Frage, warum in aller Welt eine so grundlegende und natürliche Angelegenheit dermaßen durch Konventionen, Moral, Religion, Sitte, Gesetz und Vorurteile verkompliziert wird. Wie kann es sein, daß deswegen Kriege geführt werden, Ehen auseinanderbrechen, Kinder von zu Hause weglaufen, und manche Menschen dafür sogar ins Gefängnis kommen? Wie kann etwas, das so spontan und unentbehrlich ist, so verteufelt kompliziert werden? Eine sehr gute Frage.

Die Antwort darauf lautet: Der Mensch versucht als einziges Lebewesen, seinen Körper zu kontrollieren und

---

* Ein Trieb ist ein unwillkürliches Verlangen, das alle höheren Gefühle ausschließt, die den *Homo sapiens* vom Tierreich unterscheiden.

das Körperliche zu überwinden. In uns Menschen geht es immer zu wie bei einem großen Tauziehen: An dem einen Ende des Seils hängen unsere körperlichen Bedürfnisse und Wünsche und zerren mit aller Kraft, am anderen Ende zerrt unsere geistige Seite. Diese Probleme kennen Tiere nicht: Sie atmen, nehmen feste und flüssige Nahrung zu sich, machen zwischendurch ein Nickerchen und versuchen, ihre Art zu erhalten.

In der Entwicklungsgeschichte der Menschheit haben bis dato meistens die körperlichen Triebe diesen Wettkampf für sich entschieden. Das ist auch insoweit verständlich, als man bedenken sollte, daß noch vor 50 oder 100 Jahren für die Mehrzahl der Menschen das Leben aus dem Kampf ums *Über*-Leben bestand. Sie waren in erster Linie damit befaßt, ausreichend Essen und Trinken heranzuschaffen. Erst heutzutage bleibt uns Zeit (die sogenannte *Frei*-Zeit), in der wir uns nicht mit dem Kampf ums Überleben auseinandersetzen müssen, sondern uns damit beschäftigen können, die nichtkörperliche Seite unseres Wesens kennenzulernen, zu betrachten und zu entwickeln.

Es ist die eigentliche Bestimmung des Menschen, sich über die Beschränkungen zu erheben, die sein körperliches Dasein ihm aufzwingt. Wir sollen alle Fesseln durchtrennen und alles von uns werfen, was uns auf der körperlichen Ebene festhält. Diese Ebene haben Mensch und Hund gemeinsam. (Darum berührt uns auch der Deckakt von Tieren so unangenehm, sieht er doch unserem Sexualverhalten merkwürdig ähnlich – sollten wir Menschen etwa auf derselben niederen Stufe stehen?!) Immer wenn uns ein körperliches Verlangen, sei's nach Essen oder nach Sex, *beherrscht*, fallen wir zurück, bleiben unten.

Das heißt nun nicht, daß Sex falsch oder schlecht ist und man ihn besser unterdrücken sollte. Aber ein Sexualverhalten, bei dem der Partner nicht anders wie ein Stück Holz behandelt wird, ist total egoistisch. Das Paradoxe an dieser Art der Selbstbefriedigung ist: Sie macht nie zufrieden. Das ist wie bei chinesischem Essen. Man fragt sich dauernd, wann das Hauptgericht kommt. Der Versuch, unsere körperlichen Bedürfnisse an einem anderen Menschen zu befriedigen, wird als »Lust« bezeichnet, Wenn »Lust« keinen guten Ruf hat, dann liegt es an dieser egoistischen Einstellung, die dahintersteckt. Wenn uns die Lust antreibt, dann bleiben solche Werte wie Menschlichkeit, Vernunft, Mitgefühl, Geduld und Freundlichkeit gern auf der Strecke – und wir sind nicht wirklich befriedigt. Männer (und auch Frauen) tun alles, nur um dieses körperliche Verlangen zu befriedigen: lügen und betrügen, schleimen sich ein, benehmen sich wie Affen und vieles mehr, was mit menschlicher Würde nicht vereinbar ist. Haben wir dann bekommen, was wir wollten, beschleicht uns ein »schlechtes« Gefühl: Wir sind verlegen, fühlen uns mies und ertappt. An diesem Gefühl ist nicht etwa die Gesellschaft schuld, weil sie das Ganze für schlecht oder falsch erklärt. Rein von der körperlichen Seite gesehen gibt es so etwas wie einen »schlechten« Orgasmus nicht. Ein Ego-Orgasmus ist unvollständig, weil er nur unsere körperliche Hälfte befriedigt. Danach fühlen wir uns leer, weil die andere Hälfte von uns, unser bewußtes Selbst, nicht mit bei der Party war. Sie hat Hunger nach mehr.

Sex, der beide Seiten unseres Wesens glücklich macht, läßt sich ganz gut mit dem Ausdruck »Liebe machen« beschreiben. »Liebe« machst du mit jemandem, an dem dir etwas liegt, mit dem du dich verbunden fühlst. Wenn beide Seiten dauernde Zuneigung füreinander fühlen, wird das sexuelle Zusammensein durch die Gewißheit bereichert, daß dein Partner dich mag und nicht bloß deinen Körper. Darum beschweren sich die Frauen so oft, daß »die Männer immer nur das eine wollen«. Was sie euch damit verklickern wollen, Jungs, ist folgendes: »Ich bin nicht nur Po, Beine und Busen!« Wenn das alles ist, wofür sich ein Junge bei einem Mädchen interessiert, wird die Beziehung nicht länger dauern als sein Orgasmus. Eben noch ein wilder Stier, und dann schon eine schrumpelnde Primel. Wenn die ganze Gemeinsamkeit zwischen ihm und seiner Partnerin darin bestand, zum Schuß zu kommen – was soll man danach noch miteinander reden oder tun? Um sich solcherlei überflüssige Peinlichkeiten zu ersparen, finden Jungs gern eine Ausrede, um sich möglichst schnell verdrücken zu können. Aus dem gleichen Grund finden manche Männer Sex gegen Bezahlung so bequem. Sie zahlen, und niemand erwartet von ihnen, daß sie danach noch lange rumsitzen und so tun, als würden sie sich auch irgendwie für das Innenleben ihres Gegenübers interessieren.

Kurz gesagt ist »Liebe machen« besser als »Sex haben«, denn wenn zwischen den Partnern eine länger dauernde Zuneigung besteht (wenn du magst, was dein Partner tut, wie er denkt, fühlt und auch, wie er aussieht), ist das körperliche Zusammensein intensiver und das »Danach« einfach wahnsinnig schön. Tiere können sich gegenseitig nicht lieben – weil es nach der Paarung kein »Nachspiel« gibt. Kein Kuscheln, kein Schmusen. Der Gockel stolziert vom Platz – noch mal kurz gekräht: der perfekte Egoist vom Kamm bis zu den Sporen.

Möglicherweise hast du bis jetzt nur »Ego-Sex« kennengelernt. Und daher wirst du wahrscheinlich auch noch nicht wissen, wie »es« sich anfühlt, wenn du dich tief verbunden mit der Persönlichkeit fühlst, die in dem anderen Körper lebt. Du hast diese Seite des Sex deswegen noch nicht kennenlernen können, weil sich zwischen 16jährigen dieses Gefühl der Verbundenheit gewöhnlich noch nicht entwickelt hat. Erwachsensein ist noch völlig neu für dich. Du bist noch zu sehr damit beschäftigt, deinen neuen, vollentwickelten Körper (und den deiner Freunde) zu entdecken. Du kennst dich noch nicht so aus, wie das ist mit einem erwachsenen Körper. Dein Geist muß da erst mitkommen. Das steckt in Wirklichkeit hinter dem uralten Verbot, daß junge Leute »es« noch nicht miteinander tun sollen.

Die wenigsten Leute, die an der Einhaltung dieses Verbotes kleben, tun das, weil sie von eben jener Einsicht dazu getrieben werden. Trotzdem ist hier eine unterbewußte Weisheit am Werk, die die Erwachsenen aller Generationen dazu veranlaßt hat, vom Sex unter Jugendlichen abzuraten bzw. ihn zu mißbilligen, weil sie gespürt haben, daß dadurch die körperliche Erfahrung überbewertet und so der geistige Teil des Menschen vernachlässigt wird.

Man kann nicht über S-E-X reden, ohne auch das AIDS-Problem zu erwähnen. Problem? In Wirklichkeit ist es wohl eher eine echte Tragödie. Eine globale Katastrophe . . . der Schwarze Tod des 20. Jahrhunderts.

Für den vergeltungshungrigen Teil der Christenheit ist AIDS der »Lohn der Sünde« bzw. die »göttliche Vergeltung«. Das ist ebenso bösartig wie unchristlich. Vielleicht sind sie mittlerweile etwas weniger selbstgerecht, da der AIDS-Tod nicht mehr nur unter Schwulen seine Opfer sucht, sondern auch in ihre Kreise kommt. Aber bis ein medizinischer Supermann mit seiner Injektionsspritze dem AIDS-Tod den Garaus macht, werden noch viele unschuldige Menschen sterben und die meisten davon in jungen Jahren. Zudem besteht die Gefahr, daß die sozialen Nebenwirkungen der Krankheit – Rückzug von anderen, wachsendes Mißtrauen, Ausgrenzung, Einzelgängertum – in der menschlichen Psyche noch viel schlimmere Spuren hinterlassen. Eines ist sicher: Um sich vor der tödlichen Bedrohung durch AIDS zu schützen, sind Treue, Selbstkontrolle, »Safer Sex« und daß man den Partner gut kennt besonders wichtig.

Aus: Coombs, *Sanfte Landung für Kamikaze-Kids*

Muskeln lügen nicht

Der deutsche Mediziner Dietrich Klinghardt hat in den USA ein neues Heilverfahren entwickelt, mit dem er, ausgehend von bestimmten Muskelreaktionen seiner Klienten, auf die psychischen Ursachen einer Krankheit schließen kann. Die Methode ist einfach, ihre Ergebnisse sind verblüffend.

Herr Dr. Klinghardt, Sie gelten als der Begründer der Psycho-Kinesiologie. In vielen Fällen haben Sie die neue Heilmethode bereits erfolgreich angewandt. Wie sind Sie auf diese ungewöhnliche Behandlungsform gestoßen?

Unmittelbar nach meinem Medizinstudium studierte ich noch weitere drei Jahre Psychologie. Ich war also immer schon an dem Zusammenhang zwischen psychologischen und medizinischen Problemen interessiert und enttäuscht von den Heilmethoden, die angeboten wurden. In der heutigen psychosomatischen Medizin wird meist eine Kombination aus klassischer Psychotherapie und Schulmedizin angewandt. Es wird jedoch oft nicht wirklich eine echte Verbindung zwischen Psyche und Körper hergestellt.

Seit langem bin ich auf der Suche nach Methoden, die diese beiden Bereiche sinnvoll miteinander verbinden.

Die Hypno-Therapie nach Milton Erikson hat mich dann sehr angesprochen. Der Klient wird in eine leichte

Hypnose versetzt, um Kontakt mit seinem Unterbewußtsein aufzunehmen. Das Unterbewußte ist nicht getrennt von der Krankheit zu betrachten, da es die Krankheit steuert und versucht, die unbewußten seelischen Konflikte mit Hilfe der Symptome zu lösen. Da es in der Sprechstunde aus zeitlichen Gründen oft schwer ist, den Klienten in Hypnose zu versetzen, habe ich einen Weg gesucht und gefunden, der einen direkten und raschen Kontakt zum Unterbewußten des Klienten möglich macht.

Meine Testmethode, um einen Dialog mit dem Unterbewußten herzustellen, ist die »Kinesiologie« bzw. das »Muskeltesten«. Während ich dem Klienten gezielte und sehr persönliche Fragen stelle, liegt meine linke Hand auf der rechten Schulter des zu Untersuchenden. Der rechte Arm des Klienten ist ausgestreckt. Nach gezielten Fragestellungen übe ich jeweils einen kurzen, kräftigen Druck auf den ausgestreckten Arm des Klienten aus. Kann der Klient den Widerstand halten, bleiben seine Muskeln kräftig, so ist dies gleichbedeutend mit einem »Nein« auf meine Frage. Gibt der Arm nach, antwortet sein Unterbewußtes mit »Ja«. So gelingt es, das psychische Problemfeld des Klienten einzukreisen und eine Diagnose zu stellen. Psycho-Kinesiologie baut auf diesem Muskeltest als Diagnoseverfahren auf.

Woher kommt der Muskeltest ursprünglich?
Den ersten Hinweis finden wir schon bei den Maya-Indianern in Mittelamerika. Sie benutzten den Muskeltest, um Trinkwasser von nicht trinkbarem Wasser zu unterscheiden. Der amerikanische Chiropraktiker George Goodheart aus Detroit hat ihn dann vor ca. 35 Jahren aufgegriffen und weiterentwickelt. Heute gibt es bereits unzählige Heiler, die diese Technik in verschiedenen Varianten wieder anwenden.

Können Sie ein Beispiel aus ihrer Praxis nennen?
Ein typisches Beispiel: Ein 45 Jahre alter Klient litt seit

zwölf Jahren unter unerträglichen Rückenschmerzen. Er war ständig in ärztlicher Behandlung und hatte zwei erfolglose Bandscheibenoperationen hinter sich.

Die psycho-kinesiologische Untersuchung brachte einen ungelösten seelischen Konflikt zutage:

Der Klient wurde als fünfjähriger Junge von seinem Vater geschlagen, weil er angeblich Geld gestohlen hatte. Dies traf jedoch nicht zu. Die Folge dieses Traumas – das verletzte Vertrauen zum Vater – führte zu einem enormen Gefühlsstau, der zu einer bleibenden Beeinträchtigung des Energieflusses eines Akupunkturmeridianes führte – dem sogenannten Blasenmeridian. Die Schmerzen des Patienten waren nämlich genau im Verlaufsgebiet dieses Meridianes. Als das Leiden mit dem frühkindlichen Erlebnis in Verbindung gebracht werden konnte, war der Klient innerhalb von sechs Wochen geheilt und ist nun seit vier Jahren völlig schmerzfrei.

Kann ich als Laie Psycho-Kinesiologie lernen und mit dieser Methode arbeiten?

Ja. Beispielsweise ist das Video »Psycho-Kinesiologie« ein sehr guter Einstieg in die Thematik. Danach können Sie sofort beginnen, damit zu arbeiten. Darüber hinaus biete ich spezielle Kurse für Laien an, aber auch für Ärzte, Therapeuten und Heilpraktiker. Diese ermöglichen einen vertieften Einstieg bzw. eine erweiterte Anwendung dieser Methode.

Sehr wichtig ist jedoch, daß der Behandelnde bereits innere Arbeit an sich selbst geleistet hat, also in Form von Selbsterfahrung, Meditation, Einzel- oder Gruppentherapie. Erfahrungsgemäß ist es nicht möglich, bei einem Klienten Störungen zu finden und zu heilen, die der Behandelnde bei sich selbst noch nicht gelöst hat.

Welcher spirituelle Ansatz liegt Ihrer Arbeit zugrunde?

Spiritualität bedeutet für mich meine Verbindung zu Gott. Erfolgreich zu behandeln heißt immer auch Techniken und Therapieformen zu finden, durch die sich göttliche Energie manifestieren kann. Als Arzt und Heiler sehe ich mich auch als eine Art Kanal. Durch diesen Kanal können heilende Energie und Liebe fließen und in den Klienten einströmen. Nur mit einer gesunden Verbindung zu Gott kann echte Heilarbeit geleistet werden.

Chronische Krankheiten beginnen zu heilen, sobald der Kranke Göttliche Energie in sich aufnimmt.

Für das Baby und Kleinkind sind die Eltern »Gott«. Ungelöste Konflikte aus dieser Entwicklungsphase führen daher später beim Heranwachsenden oder Erwachsenen oft zu einer Störung des Sich-Öffnens zur wirklich göttlichen Energie. Als Arzt helfe ich meinen Patienten, diese psychischen Konflikte zu identifizieren, damit sie dann die »göttliche Schwingung« empfangen können. Den Rest der Arbeit bewirkt Gott.

Aus: *Esoterik aktuell 1/94*. Das Interview führte Yvonne Beuth

Wir empfehlen hierzu:
Klinghardt, *Psycho-Kinesiologie I und II* (Lehrvideo)
Klinghardt, *Lehrbuch der Psycho-Kinesiologie*

Würden die Pforten der Wahrnehmung gereinigt,
erschiene dem Menschen alles, wie es ist:
unendlich.

William Blake

Wem die Stunde schlägt

Es sind oftmals persönliche Krisen und Wandlungsprozesse, die Menschen in die Praxis eines Astrologen führen. Auch Wünsche nach Selbsterkenntnis oder einer neuen Lebensperspektive können dafür Auslöser sein.

Immer mehr Menschen vertrauen darauf, daß ihnen die Deutung ihres persönlichen Geburtshoroskops wichtige Hinweise darüber liefert, wie sie ihr Schicksal selbst gestalten können.

Vielleicht haben Sie sich auch schon Gedanken darüber gemacht, wie es eigentlich möglich ist, auf der Basis des Geburtshoroskops Aussagen über die Zukunft des Menschen zu treffen?

Grundlage der astrologischen Prognose ist jedenfalls der Gedanke, daß schon im Anfang, also zu Beginn eines Prozesses, die gesamte künftige Entwicklung enthalten ist. Deshalb wird beim Menschen das Horoskop auf den Moment seiner Geburt erstellt. Dieses Geburtshoroskop spiegelt die wichtigsten Themen und Reaktionsmuster eines Menschen wider. Die wahre Kunst der Prognose besteht darin, herauszufinden, zu welchen Zeiten im Leben ein bestimmtes Thema im Vordergrund stehen wird und somit besonderer Aufmerksamkeit bedarf. Meist sind es mehrere Themen gleichzeitig, die aktiviert werden und auch teilweise im Widerspruch zueinander stehen können. So können zum Beispiel der Wunsch nach Selbstdurchsetzung und der Wunsch nach Nähe gleichzeitig aktiviert sein, was selbstverständlich zu Konflikten führen kann.

Eine verbreitete Methode, die zeitliche Auslösung von grundlegenden Lebensthemen zu erfassen, liefern die Transite der laufenden Planeten zu den Planetenpositionen im Geburtshoroskop. Der Begriff »Transite« bedeutet soviel wie »Vorbeiziehen«, meint also die Bewegungen der Planeten durch die Tierkreiszeichen. Dieses Vorbeiziehen der Planeten am Himmel liest der geschulte Astrologe aus den Ephemeriden (Gestirnstandstabellen) ab. Die Ephemeriden geben die Position der Sonne und Planeten an jedem Tag eines Jahres wieder. Die aktuelle Konstellation wird in Beziehung zum Geburtshoroskop gesetzt.

Der psychologisch orientierte Astrologe achtet vor allem darauf, dem Ratsuchenden eigene Gestaltungsmöglichkeiten in bezug auf seine Zukunft bewußt zu machen. Danach sind wir nicht nur Opfer, sondern auch Gestalter unseres Schicksals. Festlegende Aussagen im Sinne einer schicksalhaften Ereignisvorhersage lehnt er ab, da eine solche Vorhersage im Widerspruch zur Selbstbestimmung des Menschen stünde.

In der astrologischen Praxis spielen neben der Frage nach der Zukunft auch Beziehungsthemen eine wichtige Rolle. Mit jeder neuen Liebe beginnen wir auch ein neues Leben, bringen andere, neue Facetten unserer Persönlichkeit zur Entfaltung.

Im Vergleich der Horoskope von Liebespartnern erhält der Astrologe Aufschluß über die Art des »Energieaustausches« zwischen zwei Menschen. So gibt es in jeder Beziehung förderliche und unterstützende, aber auch hemmende und konflikthaltige Interaktionsmuster, mit denen sich die jeweiligen Partner auseinandersetzen müssen.

In der Begegnung zweier Menschen kann auch etwas ganz Neues entstehen, das weit über den Einzelnen hinausweist und als das Wesen der Beziehung bezeichnet werden kann. Dieses Wesen steht oft für das spirituelle Potential einer Partnerschaft und kommt durch den alchemistischen Prozeß der Liebe zustande.

In der Astrologie wird dieses Wesen im sog. Compositthoroskop erkennbar. Dabei handelt es sich um ein Schnittpunkthoroskop, das auf dem Grundgedanken beruht, daß sich die Planeten der Partner jeweils in der Mitte des Abstands zwischen ihnen treffen, in ihrer sog. Halbsumme.

Wie bei allen anderen Horoskopen auch, bedarf die Deutung des Compositthoroskops einer richtigen Mischung aus Logik und Intuition. Die logischen Deutungsregeln der Astrologie sind durchaus für jeden erlernbar, die Intuition jedoch ist eine Gnade, die den wirklich guten Astrologen ausmacht.

Aus: *Esoterik aktuell 3/93* Von Markus Jehle

Wir empfehlen dazu:

Jehle, *Wenn der Mond im siebten Hause steht . . .*
Jehle, *Wenn Jupiter auf Mars zugeht . . .*
March / Mc Evers, *Lehrbuch der astrologischen Prognose*
March / Mc Evers, *Lehrbuch der Partnerschaftsastrologie*
Livaldi-Laun, *Liebesbeziehungen im Horoskop*

Die sieben goldenen Regeln der Yoga-Praxis

Ist Ihr Körper warm und locker? Andernfalls ist das Aufwärmprogramm unerläßlich!

1. Sammeln Sie sich, bevor Sie mit dem Üben beginnen. Betrachten Sie die folgenden Figuren zuerst eine Weile genau. Überlegen Sie sich in aller Ruhe, wie Sie mit wenigen gezielten Bewegungen in die Stellung kommen können.

2. Atmen Sie immer durch die Nase. Ob Sie nun die Stellung einnehmen, darin verharren beziehungsweise sich bewegen oder ob Sie sie auflösen: der Atem ist langsam, regelmäßig, fließend und fein. Die Bewegungen sind dem Atemrhythmus angepaßt und nicht umgekehrt.

3. Nehmen Sie die Stellung mit langsamen gezielten Bewegungen ein. Nun kontrollieren Sie die Haltung des Nackens, des Rückens, des Beckens, der Beine und Arme.

4. Verharren Sie in der Stellung zehn bis dreißig Atemzüge lang; lassen Sie nun jede unnötige Spannung los, spüren Sie in die Dehnung und beobachten Sie Ihre Atmung. Allfällige Schmerzsignale wären ein Zeichen zum Zurückgehen. Achten Sie auch auf Ihre Gedanken und Gefühle.

5. Kommen Sie aus der Stellung wieder langsam, überlegt und bewußt zurück. Bei asymmetrischen Übungen üben Sie nun noch ein zweites Mal beziehungsweise die andere Seite die gleiche Zeitspanne.
6. Spüren Sie nun in einer Ruhehaltung nach, die etwa von gleicher Zeitdauer ist wie die Übung zuvor.
7. Zum Schluß ruhen Sie in der Rückenlage, die Sie, so hoffe ich, richtig genießen.

Aufwärmprogramm

Dieses Programm eignet sich besonders vor Haltungen aus dem Stand.

Es eignet sich auch morgens, wenn Sie nicht die Zeit für Yoga haben, aber doch schon ein wenig in Bewegung kommen möchten. Außerdem ist dieses Miniprogramm so aufgebaut, daß auch hier die sechs Grundhaltungen (Rückbeuge, Vorbeuge, Seitenbeuge, Drehung, Umkehrhaltung und Gleichgewichtshaltung, falls Sie noch den Baum hinzufügen) vorhanden sind.

Stellen Sie sich dabei vor, wie sich alles Starre und Schwere der Nacht auflöst und wie Sie frisch und voller Elan den Pflichten und Herausforderungen des neuen Tages gegenübertreten wollen.

Wie lange braucht man für das Programm? Ganz einfach: Bleiben Sie in Bewegung, bis Sie warm, locker und entspannt sind. Dies kann in wenigen Minuten sein. Sie machen die Übungen so lange, bis Sie sich gut fühlen.

1. Hüpfen am Ort

Schütteln Sie dabei ganz leicht die Handgelenke.

Abwechslungsweise hüpfen mit O-Beinen oder X-Beinen.

Stellen Sie sich dabei vor, wie sich alle Spannungen und alles Negative loslösen und zu Boden sinken.

2. Lockeres Hüftkreisen

Rechts rum und links rum kreisen, langsam und ganz locker. Der ganze Körper schwingt mit.

3. Beinschwingen nach allen Seiten

Das Bein hängt dabei aus dem Hüftgelenk wie ein loses Pendel. Zählen Sie dabei Ihre Atemzüge, damit sie nicht das eine Bein länger kreisen als das andere.

4. Dehnung am Fensterbrett

Stellen Sie sich vor, daß dabei die Lunge in ihrer vollen Länge geöffnet wird.

Ihre Beine sind durchgestreckt, die Kniescheiben nach oben gezogen.

Die Arme sind durchgestreckt, das Gesäß zieht nach hinten.

Bleiben Sie so 15–30 Atemzüge lang.

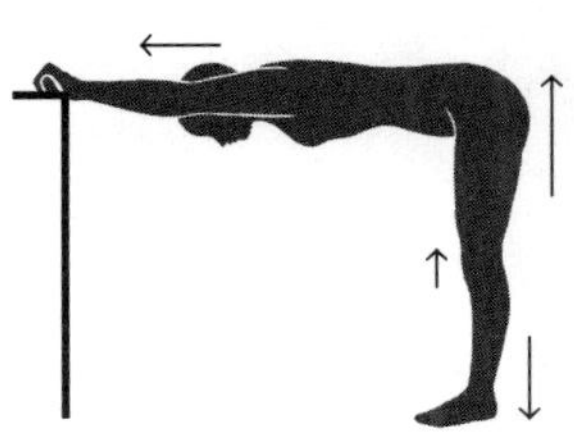

Aus: Hirschi, *Yoga für Seele, Geist und Körper*

Wir empfehlen Ihnen auch:

Hirschi, *Innere Kräfte entdecken und nutzen*
Hirschi, *Lust auf Yoga*
Sibler, *Yi Jin Jing. Gesundsein lernen – Stärke entwickeln*
Schwarz/Schweppe/Pfau, *Wyda – Die Kraft der Druiden*

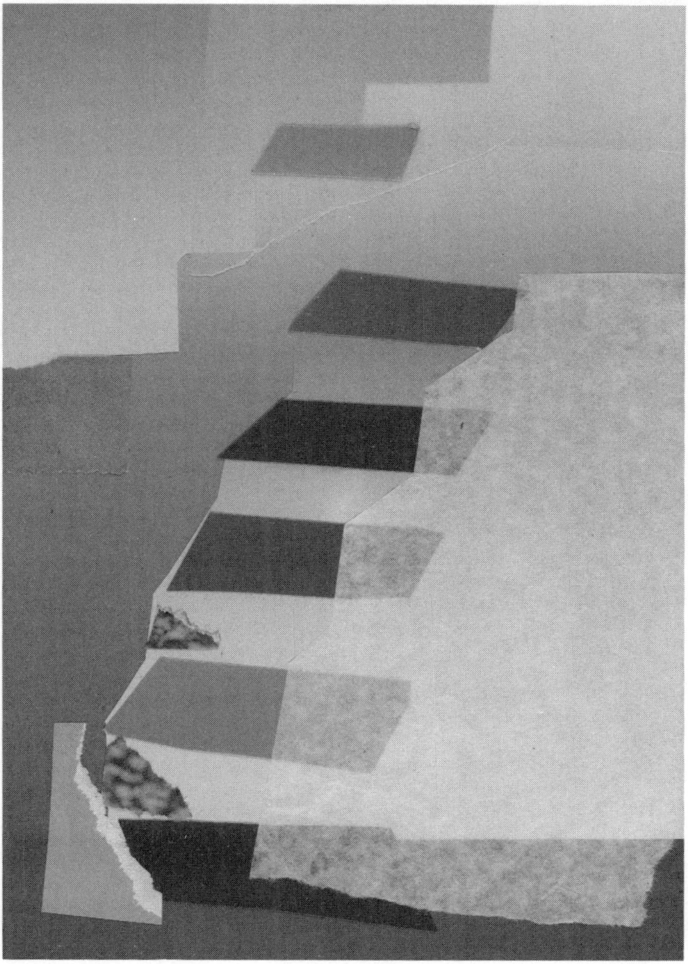

Wohin du auch gehst,
gehe mit deinem Herzen.

Konfuzius

Die Kommunikation mit Kristallen

Es gibt eine Technik, die uns mit dem Kristall kommunizieren und unmittelbar an seinen Erfahrungen teilhaben läßt. Wir dürfen nämlich nicht vergessen, daß auch der Kristall eine Lebensform darstellt. Wie lebt er? Wie fühlt er? Wie hört er? Woraus ist das Gewebe seines Lebens gesponnen? All das erfahren wir, wenn wir mit seiner Lebensform in Kontakt treten.

Zunächst müssen wir uns über den sogenannten Lichtkörper und den Schattenkörper klarwerden. Wir haben ja bereits über die Existenz eines Lichtkörpers als die jedem Menschen innewohnende Vollkommenheit gesprochen. Bei unserer Geburt stehen uns unbegrenzte Möglichkeiten offen, und unser Sein ist genauso rein wie sein göttlicher Wesenskern. Die Mißgeschicke, die uns in diesem Leben widerfahren, lassen jedoch Disharmonien oder Mängel entstehen, die zu dem werden, was wir als Schattenkörper bezeichnen. Der Lichtkörper existiert unabhängig vom Schattenkörper. Er ist nicht an den physischen Körper gebunden und kennt fast keine räumlichen und zeitlichen Begrenzungen. In rasantem Tempo bewegt er sich durch Raum und Zeit oder verschiedene Bewußtseinsebenen. Der Lichtkörper ist unvergänglich. Der Schattenkörper dagegen besteht aus den irdischen Erfahrungen, die wir seit unserer Geburt gemacht haben. Wir müssen seinen positiven Aspekt sehen und diesen Körper genauso annehmen und lieben wie den Lichtkörper. Der Schattenkörper ist unser physischer Leib, durch den wir erfahren können, warum wir auf die Welt gekommen sind. Er reflektiert auch unseren Lichtkörper. Der Schattenkörper ist das weinende Kind, das nicht getröstet wurde; das Kind, dem es an Liebe mangelte. Das sind alle Mängel und Unzulänglichkeiten, die sich seit der Kindheit im physischen Körper manifestiert haben. Dieser Aspekt unseres Selbst offenbart die Disharmonien und Schwächen, die nicht zum Lichtkörper, wohl aber zu unserer derzeitigen Inkarnation gehören. Es ist unsere Materialisation auf der physischen Ebene.

Der Schattenkörper wird auch als das *Ego* bezeichnet. Die Kommunikation mit dem Kristall setzt voraus, daß wir unser Ego kurzzeitig aufgeben. Nur so können wir das Leben eines Kristalls nachempfinden und ganz und gar in diesem Erlebnis aufgehen.

Setzen Sie sich zunächst in Meditationshaltung nieder und zentrieren Sie sich. Visualisieren Sie dann Ihren Lichtkörper, wie er in Schönheit und Vollkommenheit erstrahlt. Danach visualisieren Sie den Schattenkörper, also sich selbst. Der Lichtkörper durchdringt jetzt den Schattenkörper, vereinigt sich mit ihm, erfüllt ihn mit seinem Licht, wird eins mit dem Schattenkörper. Lichtkörper und Schattenkörper bilden jetzt eine Einheit. Die Tore des Geistes öffnen sich. Der Lichtkörper schwingt sich empor zu einer Waldlichtung am Fuße eines hohen Berges. Der Berg hat viele Höhlen, in denen es alle Arten von Steinen und Kristallen gibt; selbst auf dem Berg, an seiner Oberfläche, finden Sie alles, was Ihr Herz begehrt. Von einem dieser Steine, einem Kristall, fühlen Sie sich ganz besonders angezogen. Sie lauschen dem Gesang dieses Kristalls, der für Sie allein singt. Dieser Gesang nimmt Sie gefangen. Sie fühlen ein unwiderstehliches Verlangen nach diesem Kristall und überlassen sich ganz diesem Gefühl. Sie werden wie magisch von diesem Stein angezogen. Dann stehen Sie vor ihm und betrachten ihn.

Ihr Lichtkörper dringt nun in den Kristall ein; die beiden verschmelzen und werden eins. Jetzt sind Sie dieser Kristall. Sie sehen, hören und fühlen jetzt all das, was der Kristall sieht, hört und fühlt. Verweilen Sie einfach in dieser Lebensform, offen und bereit für diese Erfahrung, Sie als Kristall, Sie als Stein ...

Nach einer Weile sollten Sie den Kristall wieder behutsam verlassen und ihm dafür danken, daß Sie an seinem Leben teilhaben durften. Kehren Sie zum Ausgangspunkt zurück. Treten Sie wieder ein durch die Pforten des Geistes. Kehren Sie zurück in Ihren Körper und notieren Sie das Erlebte, sobald Sie sich dazu bereit fühlen.

Dieses Erlebnis birgt eine Fülle von Informationen, die uns helfen, unsere Gefährten aus dem Mineralreich besser zu verstehen. Sie können auf der Suche nach dem kristallinen Gefährten auch einem Bachlauf folgen, der unterirdisch weiterführt, und dort in der Tiefe der Erde Ihrem Kristall begegnen.

Aus: Bourgault, *Ganzheitliche Edelsteintherapie. Wissen nach indianischer Tradition*

Lesen Sie außerdem:

Hertzka/Strehlow, *Die Edelsteinmedizin der heiligen Hildegard*
Lüdeling, *Steine, Bäume, Menschenträume*
Hofmann, *Edelsteintherapie – kurz & praktisch*

Der Gläserne Baum

Ohne Bäume hätten wir keine Luft zum Atmen. Ist das jedem von uns ganz bewußt? Die Bäume müssen doch wahre Freundschaft für uns empfinden – nur bleibt diese meist sehr einseitig. Es ist ein tägliches Wunder, daß diese Wesenheiten so viel für uns Menschen tun – sogar für jene, die ihnen völlig gleichgültig gegenüberstehen. Ich glaube, daß wir keine andere Wahl mehr haben, als wieder *mit* der Natur zu leben und nicht gegen sie. Wir müssen ihre Stimme hören und ihre Sprache lernen. Ich glaube auch, daß dies vielleicht der einzige Weg ist, auf dieser Erde zu überleben, und hoffe dabei nur, daß es dazu noch nicht zu spät ist.

Die Erwiderung der Freundschaft mit den Bäumen wird sich tausendfach lohnen. Sie halten für uns so viele Schätze bereit.

Wie du mit Bäumen Kontakt aufnehmen kannst, erfährst du in den beiden folgenden Übungen. Lies dir am besten alles zuerst in Ruhe durch.

Suche dir einen schönen, ruhigen Platz aus, an dem du deine Übung oder Meditation durchführen möchtest. Nimm dort eine Meditationshaltung ein, die auch nach längerer Zeit noch bequem ist, beispielsweise auf einem Kissen im Lotos- oder Schneidersitz. Vielleicht setzt du dich auch mit geradem Rücken auf einen Stuhl, die Beine nebeneinander im rechten Winkel zu den Oberschenkeln und die Füße auf dem Boden. Außer diesen zwei Haltungen gibt es noch andere, aber eine dieser beiden wird jeder bequem finden.

Dann schließe die Augen, und atme bewußt und gleichmäßig ein und aus. Laß deine Atmung ruhig fließen und langsam tiefer werden, atme bis in deinen Bauch. Nun zähle in Gedanken rückwärts von 9 bis 1. Das heißt, du malst vor deinen Augen mit deiner ganzen Vorstellungskraft eine 9. Halte dieses Bild so lange fest, wie du brauchst, um einmal ein- und wieder auszuatmen. Das wiederholst du noch einmal. Dann stellst du dir auf gleiche Weise die 8 vor und wiederholst sie. Nun die 7, und auch sie wird wiederholt. Jede Zahl läßt du also *zweimal* vor deinem inneren Auge erscheinen und hältst sie jeweils für eine Atmung lang fest. Bist du nun mit der 1 fertig, sagst du gedanklich zu dir: »Ich bin ganz ruhig, ich bin ganz entspannt.« Jetzt zählst du mit jedem Atemzug noch einmal, ohne es dir besonders vorzustellen, von 9 bis 1. Hast du auch das beendet, sage dir sinngemäß: »Ich bin völlig entspannt, mir geht es gut wie noch nie, die innere Kraft strömt mit jedem mal besser. Ich bin auf der Alpha-Ebene, und alles ist möglich.«

Rückkehr: Genau so wichtig wie das Erreichen dieser Ebene sind auch das Verlassen und die Rückkehr in das Tagesbewußtsein. Wir benutzen dazu wieder die Zahlen als Hilfsmittel. Beginne mit dem bewußten Ein- und Ausatmen. Zähle dann einfach von 1 bis 9. Du brauchst jetzt aber an jede Zahl nur eine Ein- und Ausatmung lang zu denken, mußt sie nicht wiederholen und sie dir auch nicht bildlich vorstellen. Bist du bei der 9 angelangt, sage dir danach: »Mir geht es gut wie noch nie. Ich bin nun ganz kraftvoll, wach, frisch und gesund! Ganz klar und kraftvoll bin ich wieder auf meiner Ebene im normalen Tagesbewußtsein.«

Vergiß niemals dieses kleine »Ritual«, wenn du aus dem »anderen« Bewußtsein zurückkehren willst, andernfalls wirst du dich anschließend gar nicht richtig anwesend, sondern müde und unlustig fühlen.

Diese Entspannungsübung und das Rückkehrritual solltest du immer benutzen, wenn du die anderen Übungen machst. Das heißt, der Anfang von allen anderen Übungen ist immer die Entspannungsübung. Das Mittelteil, in diesem Fall das Erschaffen deines innersten Refugiums, ist je nach Übung austauschbar. Das Ende einer Übung ist immer das Rückkehrritual.

Wenn du sehr sicher mit der Entspannungs- und Rückkehrübung zurechtkommst, kannst du dir als Vereinfachung, um zur Alpha-Ebene zu gelangen, die Zahlen von 5 bis 1 und beim Zurückkehren von 1 bis 5 vorstellen. Wenn dich diese vereinfachte Übung genauso tief in die Entspannung bringt wie vorher das Zählen von 1 bis 9, kannst du es einige Jahre dabei belassen. Nimm dir unbedingt Zeit dabei!

Nach dieser Zeit wird es dann genügen, wenn du mit dir am Ende der ersten Entspannungsübung, beim letzten Satz, wenn du sagst: »Ich bin auf der Alpha-Ebene«, ein Zeichen ausmachst. Das kann z. B. das Aneinanderlegen von Daumen und Zeigefinger, das kurze Ballen der Hand zur Faust oder das Zusammenlegen des Zeige-, Mittelfingers und Daumens sein. Dieses Zeichen wird dich dann sicher und schnell auf die Alpha-Ebene bringen. Die Entspannung muß genauso tief und anhaltend sein wie bei den vorherigen Übungen.

Nun möchte ich dir zeigen, wie man Kontakt zu einem Baum aufnehmen kann:

Suche dir an einem schönen Tag einen Baum aus, der dir, aus welchen Gründen auch immer, besonders gut gefällt. Stelle oder setze dich mit dem Rücken an seinen Stamm, schließe die Augen und entspanne dich.

Wenn du auf der Alpha-Ebene angekommen bist, ziehe dein Bewußtsein in deine Wirbelsäule und zwar, indem du sie dir sichtbar vorstellst, als ob du von vorne durch dich hindurchsehen könntest. Konzentriere dich völlig auf deine Wirbelsäule. Stell dir vor, daß du ganz in ihr bist.

Du wirst eine angenehme Wärme spüren – von unten bis oben. Es kann sein, daß sogar wohlige Schauer über deinen Rücken laufen. Nach einer Weile spüre durch deine Wirbelsäule hindurch zum Baumstamm hin. Immer weiter gehst du in deiner Vorstellung in den Baum hinein. Erlebe, wie du selber zum Baumstamm wirst. Er ist weich und warm, du fühlst pulsierendes Leben.

Steige nun zu seinem Wurzelgeflecht in die dunkle, feuchte Erde hinab. Spüre, wie in den feinen Haarwurzeln die Energie der Erde angesaugt wird, wie sie in den Hauptwurzeln gebündelt wird und dann in die vielen Kapillarkanäle des Stammes fließt. Begleite den Strom der Energie hinauf in die Äste, bis in die kleinen Zweige und Blätter. Dort oben – in der Krone – spürst du, wie Sonnenlicht und Wind sorglose Freiheit schenken. Auch du genießt jetzt dieses grenzenlose Gefühl der Freiheit, der Weite des Himmels und der Erde. Bei dieser Reise wirst du merken, daß der Baum lebt und ein eigenes Wesen ist.

Nach einiger Zeit steige in deiner Vorstellung wieder in den Baumstamm zurück, und dann erfühle wieder deine eigene Wirbelsäule.

Zum Tagesbewußtsein kehrst du mit der Übung »Rückkehr« zurück.

Bitte vergiß bei allen Kontakten mit den Bäumen nie, dich zum Schluß – als kleine Geste deiner Dankbarkeit – mit liebevollen Gedanken von ihm zu verabschieden.

Baumerlebnisse ins Leben integrieren

Das Wesen des Baumes, das du erleben möchtest, ist bereits ein Teil dessen, was in Märchen als »Baumgeist« beschrieben wird. Wenn du diese kleine Übung öfter machst, wirst du merken, wie der Baum zu deinem Freund wird; und seinen Freunden ist man ja besonders verbunden. Wenn sie uns brauchen, sind wir für sie da und helfen ihnen, oder? Hilfe für die Bäume kann sehr viele Facetten haben, man kann sich bei bestimmten Gelegenheiten öffentlich oder auch in aller Stille für sie einsetzen.

Stell dir mal vor, du hast mit deinem Baum einige Tage und Wochen deine Gefühle geteilt, und eines Tages siehst du, wie er abgesägt wird. Abgesägt, weil einige Menschen mit einer anderen Sichtweise als du – unbedingt dort – z. B. eine Straße bauen müssen, die irgendwelche Schreibtischmenschen geplant haben, weil angeblich Bedarf nach einer neuen Verbindungsstraße besteht. Ich bin sicher, daß auch der Schreibtischmensch anders planen würde, wenn er diese Baumerfahrung gemacht hätte, die ich gerade beschrieben habe. Da kann man nur sagen: »Vergib ihm, denn er weiß nicht, was er tut!«

Bäume werden auch von »Nochnichtwissenden« aus oft nichtigen Gründen gefällt, z. B. mit dem Argument, sie würden zuviel Licht wegnehmen. Denkt denn keiner daran, daß die Bäume uns den Sauerstoff liefern, ohne den wir nicht leben können? Daß Bäume auch Gefühle haben? Manche Menschen ärgern sich auch über die vielen Blätter, die die Bäume im Herbst verlieren und die dann gefegt und entsorgt werden müssen. Natürlich wäre es viel praktischer und zudem bequemer, wenn wir unsere Erde zubetonieren würden. Ein netter Kunststoffrasen ist doch viel besser sauberzuhalten! Aber wo bleibt dann die Lebensqualität, die Schönheit und Ästhetik, von denen man bald nur noch in Märchen hört? Völlig absurd ist es, wenn sich dann diese Menschen mit Begeisterung Naturfilme im Fernsehen anschauen.

Wie fühlst du dich, was empfindest du, wenn du mit ansehen mußt, wie der Baum ein Opfer der Säge wird? Wenn du dich daran erinnerst, wie dein Freund und du oft Energie, Wärme und Sympathie ausgetauscht habt? Wie er dir Kraft gab, wenn es dir schlechtging, damit du wieder gesund und froh werden konntest?

Aus: *Steine, Bäume, Menschenträume. Ein spirituelles Erlebnisbuch mit 24 Übungen*

Zum Thema finden Sie zudem:

Rain, *Leben und Heilen mit der Natur – Earthway. Die Botschaft einer indianischen Seherin*

Wa-Na-Nee-Che, *Das White Eagle-Medizinrad. Indianische Weisheit als Lebensweg*

Die Luft ist kostbar für den roten Mann,
denn alle Dinge teilen denselben Atem:
das Tier, der Baum, der Mensch –
sie alle teilen denselben Atem.

Häuptling Seattle

Was ist spirituelle Psychologie?

Im Gegensatz zur klassischen Psychologie, die das persönliche Ego des Menschen in den Mittelpunkt ihres Interesses stellt, ist die spirituelle Psychologie ein Weg ganzheitlicher Erkenntnis. Sie befaßt sich mit der Seele des Menschen. Der »klassischen« Psychologie geht es um die Stärkung des persönlichen Egos und der Ich-Liebe, indem sie versucht, die bewußten und unterbewußten Probleme, die sich auf das gegenwärtige Leben eines Menschen beziehen, zu erkennen und ihm zu helfen, diese Probleme zu überwinden, um mit einem mehr oder weniger intakten Ego ein besseres Leben zu führen.

Die »spirituelle« Psychologie geht darüber hinaus; ihr Anliegen ist das »ganze« Wesen. Sie betrachtet es in seiner Spiritualität und Vielseitigkeit auf allen Ebenen des Seins. Die spirituelle Psychologie befaßt sich damit, welchen Sinn und Zweck die menschliche Existenz auf diesem Planeten hat. Sie berücksichtigt die Ereignisse, die im Gedächtnis des spirituellen Hologramms eines jeden Menschen einkodiert sind. Dieses Hologramm ist wie ein Spiegelsaal, in dessen Mitte eine brennende Kerze steht. Jeder Teil des Raums wird reflektiert und unendlich oft dupliziert. Man kann die duplizierten Bilder kaum von den echten unterscheiden, denn jedes gespiegelte Bild enthält alle Teile des Originals.

Genauso ist es mit dem holographischen Gedächtnis unserer Seele. Wir haben dadurch die Fähigkeit, an unser gesamtes Wesen heranzukommen, an jeden einzelnen

Teil. Dieses Gedächtnis ist, wie wir wissen, in der Astralebene abgespeichert, wenn es Gefühlserinnerungen enthält. Sachverhalte sind dagegen als einfache Gedankenformen in der Akasha-Chronik enthalten und auf der buddhischen Ebene erreichbar. Was jedoch die individuelle Existenz auf dieser Erde beeinflußt, ist das astrale Gedächtnis. Es ist über verschiedene Lichtkörper verteilt. Im Astralkörper sind die Gefühle und Gedanken enthalten, die die aus anderen Leben festgehaltenen Erfahrungen widerspiegeln; im Gefühlskörper die Gefühle, die im Moment der Empfängnis, während des Lebens im Mutterleib, im Augenblick der Geburt und im Laufe des gegenwärtigen Lebens erfahren werden; im physischen Körper die Gefühlsmuster des familiengenetischen Kodes oder Familienkarmas, die Schwingungen des Astralkörpers sind. Sie alle erzeugen dieses Hologramm. Die spirituelle Psychologie sieht nicht nur die Situation des Ego im Hier und Jetzt, sondern auch die Verknüpfungen des einzelnen mit seinem holographischen Prozeß.

Die spirituelle Psychologie macht dem einzelnen insgesamt die vielen Aspekte der Seele bewußt, die sowohl mit seinem jetzigen als auch mit seinen anderen Leben zusammenhängen, um die Probleme zu lösen, die Konflikte, Schmerzen und Verzerrungen hervorrufen. Es geht darum, die Muster zu erkennen und zu verstehen, wie sie sich auf das Leben des einzelnen auswirken. Auf diese Weise werden neue Perspektiven für eine höhere Qualität in den zwischenmenschlichen Beziehungen geschaffen. Erst dadurch wird der Raum frei für eine Verbindung mit dem göttlichen Aspekt jedes einzelnen: dem Höheren Selbst. Es ist die göttliche Quelle, zu der jeder Mensch vorzustoßen vermag, eine Kraft, die er sich statt des Ego zunutze machen kann, um sich in seinem Leben führen zu lassen.

Die gegenwärtigen Ansätze der Psychologie drehen

sich meistens um das individuelle Ego-Trauma und darum, daß man scheinbar ein Opfer von bestimmten Umständen im Hier und Jetzt ist. Die spirituelle Psychologie sieht das Leben nicht als Melodrama, sondern eher als riesiges Flechtwerk von Geschehnissen, die dazu da sind, um aus ihnen zu lernen und dadurch zu wachsen und zu reifen. Das ist die eigentliche Schule des Lebens. In der Sicht der spirituellen Psychologie gibt es weder Opfer noch Täter, sondern nur Schüler und Lehrer. Jeder Mensch ist ein Schüler des Lebens und zugleich auch ein Lehrer des Lebens.

Im Kapitel über die bedingungslose Liebe erwähnte ich, daß der Meister vollendet ist und als solcher nur Vollendung sieht. Das liegt daran, daß in einem Meister keine Gefühle oder Einstellungen mehr vorhanden sind, die der Lösung bedürften. Nichts ist in ihm, das Resonanz böte. Jede unserer Einstellungen, jedes Urteil oder Gefühl, das wir haben, so geringfügig es auch sein mag, ist in Wirklichkeit ein Widerhall unserer eigenen ungelösten Probleme. Alles, was wir hören oder sehen, ist unser unbeachtetes festsitzendes Gefühl, einem Echo in einer Höhle oder einem Bild in einem Spiegel vergleichbar.

Die spirituelle Psychologie geht davon aus, daß der Mensch in seiner augenblicklichen Inkarnation im Hier und Jetzt die Aufgabe hat, die Klarheit zu entwickeln, um mit seinem Höheren Selbst in Verbindung zu kommen und damit die Erfahrung bedingungsloser Liebe zu machen. Es hat zu jeder Zeit heilige Männer und heilige Frauen gegeben, die ein Beispiel für die mögliche Entwicklung des Bewußtseins auf der Erde gegeben haben. Teilweise werden sie heute noch ihrer Liebe wegen verehrt, die sie trotz aller Anfeindungen zum Ausdruck brachten. Man verehrt sie wegen ihrer Fähigkeiten, alles Negative zu überwinden, andere zu heilen, gleichzeitig an einem anderen Ort körperliche Gestalt anzunehmen, wenn ihr physischer Körper ganz woanders war (Bilokation), Gegenstände, Nahrungsmittel und Getränke zu materialisieren, auf Feuer oder auf Wasser zu laufen, zu schweben oder mit Tieren zu sprechen, wie es Franz von Assisi konnte. Man hat zwar alle diese paranormalen Fähigkeiten als Wunder bezeichnet, aber sie sind Ausdruck von kreativen Kräften, die im Rahmen unserer Möglichkeiten liegen.

Mit der fortschreitenden Entwicklung des Bewußtseins wird diese Verbindung zum Göttlichen für viele erreichbar. Ein ganz wesentlicher Schritt auf dem Weg, göttliche Kraft und Macht zu erlangen, ist die Erkenntnis, welche Motivation hinter dem Verhalten in der Persönlichkeit steckt. Es gibt zwar dafür viele Arten von Therapien, aber damit ist es allein nicht getan.

Um mit dem Höheren Selbst in Verbindung zu treten und damit göttliche Macht zu erhalten, ist es unumgänglich, sowohl seinen Gefühlskörper als auch seinen Astralkörper zu beherrschen. Das persönliche Ego, das unter der Herrschaft des Gefühlskörpers steht, und die persönlichen Erinnerungen aus anderen Leben, über die der Astralkörper regiert, sind zusammen der entscheidende emotionale Faktor menschlichen Verhaltens. Die damit zusammenhängenden Gefühle bilden die Kraft, die unserem Verhalten zugrunde liegt und es beeinflußt, ungeachtet dessen, ob diese Gefühle erkannt worden sind oder nicht. Verzerrungen infolge ungelöster Gefühle blockieren klares Sehen und Erkennen. So kommt es zu gegenseitigen Verletzungen, wenn nicht sogar zu Kriegen.

Durch die Verbindung mit dem Höheren Selbst ist der Mensch in der Lage, egozentrische Interessen aufzugeben und sich in den Dienst des höheren Bewußtseins zu stellen, eines Bewußtseins, das sich als bedingungslose, vorbehaltslose, urteilsfreie Liebe ausdrückt. Wenn sich die Gedanken klären, kann sich Verständnis entwickeln, und wenn Verständnis da ist, entwickelt sich ein inneres Losgelöstsein von den Ereignissen, die für uns das Leben auszumachen scheinen. Dieses innere Freisein macht das auf die Befriedigung seiner Bedürfnisse abzielende Verhalten des persönlichen Ego überflüssig, das von ungeklärten Gefühlen motiviert wird. Die kreativen Kräfte, die jedem Menschen innewohnen, lassen sich dann nutzen, wenn ein Zustand der Weisheit und Harmlosigkeit, der Haltung, nicht schaden zu wollen, erreicht ist. Wenn das persönliche Ego Klarheit, Erkenntnis und Verständnis erlangt hat, ist es zu bedingungsloser Liebe imstande. Gefühlskörper und Astralkörper werden fast durchsichtig und strahlen nur noch Licht aus.

Für die spirituelle Psychologie ist Leben ein Werdeprozeß des Seins, jenes Seins, das in Wirklichkeit das Werden Gottes ist. Eine der vielen facettenreichen Ausdrucksformen von Gott oder des universalen Bewußtseins ist die Umwandlung von Licht; denn es ist das Licht, das den Weg zu den höheren Frequenzen sucht, wo es klar und strahlend erscheint.

Das Dasein in Zeit und Raum ist ein Dienst, der zum kosmischen Wandel beiträgt. Durch unsere Verbindung mit dem Kosmos sind wir mit allem eins. Rudolf Steiner sagte, daß kein Tropfen Wasser dem Ozean entnommen werden könne, ohne daß sich der ganze Ozean nicht daran anpassen müsse. Und so ist es auch, wenn wir dem Ozean einen Tropfen Wasser hinzugeben. Die gleiche Prämisse gilt für die Evolution des Kosmos. Jedes Individuum, das eine Wandlung zu den höheren Frequenzen des Lichts erfährt, trägt somit auch zur kollektiven Wandlung bei.

Zu diesem Dienst gehört auch, daß wir die Wandlung der kollektiven Seele, also der Menschheit, unterstützen. Wir dienen dem Ganzen, indem wir die Entwicklung unserer individuellen Seele vervollkommnen. Auf die

Erde zu kommen, um in Zeit und Raum zu existieren, hat seinen Sinn und Zweck darin, das Bewußtsein zu verändern, durch individuelle Erleuchtung zur kollektiven Transformation beizutragen, Licht auszustrahlen, so daß es allen zugute kommt, den Mitmenschen, dem Planeten und so weiter, denn der Dienst an der individuellen Seele des Menschen ist zugleich ein Dienst am Evolutionsprozeß der gesamten Menschheit.

Der eigentliche Grund für unsere Wahl, in Zeit und Raum Form anzunehmen, ist, daß wir lernen, durch Klarheit und Freude und mit verständnisvoller Liebe zu dienen. Leben bedeutet, unserer Seele, der Menschheit, dem Universum und der Quelle allen Seins zu dienen, es in bester Absicht zu tun und all unsere Möglichkeiten, unser ganzes Potential auszuschöpfen, indem wir die Verbindung zu unserem Ursprung wiederherstellen, sie integrieren, sie leben und eins sind, eins mit uns selbst.

Aus: Pollock, *Vom Herzen durch die Hände. Bedingungslose Liebe & Therapeutic Touch – Eine neue Methode des Heilens*

Lesen Sie außerdem:

Chopich/Paul, *Aussöhnung mit dem inneren Kind*

Bedingungslose Liebe

Ein liebevoller Erwachsener für unser inneres Kind zu sein, heißt, daß wir *ohne Bedingungen* lieben. Es heißt, daß unsere Liebe *zuverlässig und beständig* ist, gleichgültig, wie unser inneres Kind sich fühlt oder verhält oder was unser Kind braucht oder wünscht. Unser Kind kann sich darauf verlassen, daß wir *offen dafür bleiben, von ihm zu lernen und in seinem Interesse zu handeln*, sogar wenn das Kind verstört oder wütend ist oder wenn es tiefes Leid spürt, oder wenn es sich etwas wünscht, was im Widerspruch zu den Wünschen des Erwachsenen steht. Genauso wie sich leibliche Kinder nicht geliebt fühlen würden, wenn wir sie nur ein- oder zweimal in der Woche fütterten, wenn wir ihrem Leid nur gelegentlich Aufmerksamkeit schenkten oder wenn wir nur selten lustige Dinge mit ihnen unternehmen würden, wird sich auch Ihr inneres Kind erst dann geliebt fühlen, wenn es darauf vertrauen kann, daß Sie *immer* da sind.

Wenn wir an bedingungslose Liebe denken, dann kommen uns Bilder von fließender Sanftheit in den Sinn. Die Stärke, sich, auch im Angesicht von Furcht, der Liebe zuzuwenden, gibt ein Gefühl von Kraft und Schönheit. Manche Menschen haben das Gefühl, daß es bedingungslose Liebe nicht gäbe, daß sie etwas Absolutes sei, das nie erreicht werden könne. Wir dagegen haben das Gefühl, daß sie ein Ziel ist, das Sie, so oft Sie wollen, wählen können.

Jeder, der mit Tieren, besonders mit Hunden, lebt, hat

bedingungslose Liebe erfahren. Es ist für Tiere einfacher, bedingungslos zu lieben, weil sie keine fest definierten Egos haben. Wenn Sie Hunde für irgendeine Ungehorsamkeit schelten, reagieren sie normalerweise mit traurigen Augen und totaler Verletzlichkeit. Hunde sind völlig offen. Sie lassen es zu, daß Sie ihren Schmerz sehen. Ihre Energie und ihre Augen scheinen zu sagen: »Ich weiß, du bist wütend, aber ich liebe dich, und es tut mir leid, daß du unglücklich bist.« Diese Reaktion macht uns die Tiere so liebenswert. Wir lieben unsere Tiere für ihre Fähigkeit, uns so tief zu lieben. Hunde schnappen selten zurück und versuchen selten, sich zu schützen, außer wenn sie schwer mißhandelt worden sind oder Angst haben.

Wenn eine Mutter zum ersten Mal in die Augen ihres neugeborenen Babys schaut und den warmen, weichen Körper an sich drückt, dann erlebt sie eine neue Tiefe der Zärtlichkeit. Aber falls Sie noch nie ein Baby im Arm gehalten haben, können Sie sich vielleicht eher an den Geruch von frisch gebackenem Brot oder an einen Augenblick erinnern, als Sie einen Welpen in den Händen hielten oder als Sie von der Schönheit eines sanften Frühlingsregens einfach überwältigt waren. Dies ist das Gefühl, das Ihr Kind hat, wenn es sich bedingungslos geliebt fühlt.

Wir haben alle die Macht, uns, wann immer wir wollen, für ein liebevolles Verhalten gegenüber unserem Kind zu entscheiden. Um uns liebevoll zu verhalten, müssen wir Liebe spüren, das heißt, wir dürfen unser Kind nicht verurteilen oder beschämen. Wir glauben vielleicht, daß wir unser Kind lieben, jedoch fühlen und verhalten wir uns ihm gegenüber nicht liebevoll. Es reicht nicht aus, darüber zu sprechen, unser Kind zu lieben. Sie müssen es spüren und danach handeln. Ihr inneres Kind bedingungslos zu lieben heißt, sich ihm zu *widmen*. Wenn jemand sagt, er liebe sein inneres Kind, aber nicht im Interesse der Bedürfnisse des Kindes handelt, dann widmet er sich dem Kind nicht ganz und gar – er möchte, daß jemand *anders* sich dem Kind widmet. Ein Mensch kann sein inneres Kind mögen, aber sich ihm trotzdem nicht widmen. Erst wenn das geschieht, liebt er das Kind bedingungslos. Wenn Sie sich Ihrem inneren Kind wirklich hingeben, lassen Sie es nicht leiden. Wenn Ihr Kind unglücklich ist, kommen Sie herbeigeeilt, um etwas über die Gründe zu erfahren und zu hören, wie das Kind wieder glücklich gemacht werden könnte. Wenn Sie Ihr inneres Kind ignorieren und es Ängste oder Schmerzen leiden lassen oder darauf warten, daß jemand anders die Sache in die Hand nimmt, dann verhalten Sie sich sehr lieblos. Wenn Ihr Kind Ihnen zum Beispiel sagt, daß es Angst vor Erdbeben habe (das kommt in Los Angeles sehr häufig vor) und Sie Ihrem Kind nur antworten, »Hab keine Angst. Ich werde dich beschützen«, wird sich Ihr Kind nicht geliebt und sicher fühlen. Sie müßten Ihr Kind fragen, was es braucht, damit es sich sicher und geliebt fühlen kann, und Sie müßten dementsprechend handeln. Darüber hinaus müßten Sie im Interesse des Kindes handeln, indem Sie dafür sorgen, daß Sie für den Fall eines Erdbebens eine Notausrüstung haben, so eine, wie liebevolle Eltern sie für ihre leiblichen Kinder anschaffen würden. Liebevolle Dinge zu Ihrem inneren Kind zu sagen, reicht nicht aus – Sie müssen auch die Verantwortung dafür übernehmen, so zu *handeln*, daß die Bedürfnisse Ihres inneren Kindes erfüllt werden.

Es ist vielleicht eine Hilfe, sich vorzustellen, daß Sie mit Ihrem inneren Kind Hand in Hand durchs Leben gehen oder daß Ihr Kind in Ihrer Gegenwart spielt oder daß Sie es in den Arm nehmen, genauso wie Sie es mit einem echten Kind machen würden. Was würden Sie tun, wenn dieses Kind traurig wäre? Würden Sie es ignorieren? Würden Sie einen anderen Menschen das Problem lösen lassen? Würden Sie brüllen und dem Kind sagen, wenn es nicht sofort zu weinen aufhöre, würden Sie ihm einen Grund zum Weinen geben? Würden Sie ihm sagen, wie schlecht und falsch es sei und daß es sich schämen solle? Würden Sie es in ein anderes Zimmer schicken, bis es wieder Ruhe gibt? Ein Kind aus Fleisch und Blut würde sich nicht geliebt fühlen, wenn Sie sich so verhielten. Es wird sich nur geliebt fühlen, wenn Sie an ihm Interesse haben, seine Probleme verstehen und seine Schmerzen lindern wollen.

Es ist unmöglich zu lernen und zu lieben, wenn wir urteilen. Es ist allerdings einfacher, zu lernen und zu lieben, als zu urteilen, und es ist viel weniger schmerzvoll. In unserer Gesellschaft, in der die linke Gehirnhälfte eine so große Rolle spielt, neigen wir jedoch dazu, alles in Begriffen von richtig und falsch zu sehen. Von unserer Geburt an lernen wir, alles kritisch zu beurteilen. Die Dinge existieren nicht einfach, sie sind entweder gut oder schlecht, richtig oder falsch. Wenn Sie einmal etwas als falsch beurteilt haben, sind Sie nicht mehr offen, etwas darüber zu lernen – und das ist das Problem. Unser Urteil hindert uns daran, die Gefühle und die Überzeugungen unseres inneren Kindes wahrzunehmen. Wir werden uns selbst nicht gestatten, etwas, was wir als falsch oder schlecht beurteilen, wahrzunehmen. Wenn wir uns unserer Gedanken, Gefühle und Überzeugungen schämen, berauben wir uns der Möglichkeit, herauszufinden, wer und wie wir tatsächlich sind. Das Ego ist bereits der Meinung, daß wir im Grunde schlecht seien, also beurteilt es unsere Gedanken und Gefühle als schlecht. Aber Ihr höheres Selbst weiß, daß Sie ein lernendes und wachsendes Wesen sind und daß Sie als solches manchmal Angst haben, manchmal brillant und manchmal langweilig, manchmal leidenschaftlich und manchmal distanziert, manchmal annehmend und arrogant und vieles andere mehr sind. Sie sind alles, was Sie fühlen, und alles, was Sie fühlen, ist *akzeptabel*. Wenn Sie Ihrem Kind erlauben können, einfach zu *sein*, so ist *das* bedingungslose Liebe. Es wird Zeiten geben, in denen Ihr Kind verletzt oder wütend ist. Können Sie es trotzdem lieben? Sie können, wenn Sie diese Gefühle kennenlernen wollen. Sie sollten sich keine Vorwürfe machen, weil Sie ein Ego haben, und Sie brauchen auch nicht zu versuchen, es loszuwerden. Das würde nur zu einem weiteren inneren Konflikt führen. Ihr inneres Kind bedingungslos zu lieben heißt, daß Sie Ihr Ego annehmen – Ihren lieblosen Erwachsenen und Ihr ungeliebtes Kind. Es ist nur Ihr Ego, das sich selbst beschuldigt und kritisiert. Ihr höheres Selbst beschuldigt und kritisiert niemals.

Uns selbst dagegen zu schützen, etwas über unsere Ängste zu erfahren, ist eine der Einstellungen, die verhindern, daß wir unser inneres Kind lieben können. Es sind nicht die Ängste, die die Probleme verursachen, sondern es ist die Entscheidung, uns gegen sie zu schützen. Je mehr wir uns unmittelbar *im Augenblick* mit unseren Ängsten konfrontieren und uns mit ihnen beschäftigen, desto leichter wird es für uns, in jeder Interaktion liebevoll zu sein. Sie sind vielleicht gerade in eine lebhafte Unterhaltung verwickelt. Sie fühlen sich liebevoll, im Einklang mit Ihrem Gesprächspartner. Im nächsten Augenblick sagt er oder sie etwas, das schmerzhaft für Ihr Kind ist oder ihm Angst macht. Nun haben Sie die Wahl. Schneiden Sie die Verbindung zu Ihrem Kind ab oder entscheiden Sie sich dafür, die Gefühle Ihres Kindes kennenlernen zu wollen? Je häufiger wir mit bedingungsloser Liebe zu unserem Kind reagieren können, desto besser werden wir uns selbst fühlen und desto mehr werden wir lieben können. Je mehr wir lieben, um so glücklicher sind wir.

Wenn wir unser inneres Kind bedingungslos lieben, heißt das, daß wir lernen, wie wir wirklich für unser inneres Kind sorgen können. Der liebevolle Erwachsene kann das Kind umsorgen, indem er ihm die Wahrheit sagt. Da die Wahrheit Liebe ist, ist die Wahrheit nahrhaft, auch wenn sie schwer anzuhören ist. Es zeugt von viel mehr Liebe, einem inneren Kind, das als Kind schlecht behandelt wurde, zu sagen, daß es niemals von seinen Eltern richtig geliebt wurde, als es weiterhin anzulügen und Entschuldigungen für das lieblose Verhalten der Eltern zu finden. Danach wirkt es sich tröstlich und unterstützend aus, dem inneren Kind zu erlauben, die Vergangenheit zu betrauern. Das innere Kind wird vielleicht sehr viel Zeit benötigen, um durch das alte Leid und die Trauer hindurchzugehen. Ein umsorgender liebevoller Erwachsener wird dem Kind aber diese Zeit gewähren.

Wie wir schon sagten, ist das Gefühl des Alleinseins äußerst schwer zu ertragen. In unserer Kindheit haben wir alle zu bestimmten Zeiten darunter gelitten. Es ist das Gefühl, vor dem wir uns selbst am stärksten schützen. Es ist sehr beängstigend, da wir als Kinder hätten sterben können, wenn wir zu lange alleingelassen worden wären. Deshalb kann das Gefühl des Alleinseins uns dazu bringen, daß wir denken, wir würden sterben. Es ruft Gefühle der Machtlosigkeit hervor. Es provoziert die Angst, unser eigenes Leben und andere, deren Unterstützung wir zu brauchen glauben, nicht kontrollieren zu können. Aber solange wir uns vor diesem Gefühl fürchten, werden wir uns immer dagegen schützen. Heilung kann beginnen, wenn der liebevolle Erwachsene diese Gefühle im inneren Kind akzeptiert. Es ist die Aufgabe des Erwachsenen, diese Gefühle wahrzunehmen, ihre Ursache zu verstehen und das Kind in die Lage zu versetzen, sie in Ruhe zu erleben und durch sie hindurchzugehen, d. h., das Kind sowohl mit innerer als auch mit äußerer Liebe zu versorgen, z. B. auch mit der Liebe eines Freundes oder Therapeuten, der Sie hält, während Ihr inneres Kind diese Schmerzen durchleidet. Dazusein für das Alleinsein des inneren Kindes, nicht zu versuchen, den Schmerz zu verdrängen, sondern einen liebevollen Rahmen zu schaffen, um zu lernen und zu heilen, ist eine der wichtigsten Aufgaben des liebevollen Erwachsenen.

Aus: Chopich / Paul, *Aussöhnung mit dem inneren Kind*

Wir empfehlen außerdem:

Chopich / Paul, *Das Arbeitsbuch zur Aussöhnung mit dem inneren Kind*
Borysenko, *Feuer in der Seele. Den inneren Helfer finden*
Pollock, *Vom Herzen durch die Hände*

Meditation über das weiße Licht

Die folgende Reinigungs- und Energetisierungstechnik wird üblicherweise *Meditation über das weiße Licht* oder *Meditation über den mittleren Kanal* genannt. Diese Technik, die von verschiedenen östlichen und westlichen Meditations- oder Geistesschulen gelehrt wird, ist in zwei Phasen unterteilt, wobei es in der zweiten Phase darum geht, das Prana im Körper zirkulieren zu lassen.

Allgemeine Reinigung und Energetisierung

1. Wenden Sie die Pranaatmung an, und visualisieren Sie gleichzeitig über dem Kronenchakra eine Kugel aus strahlend weißem Licht.

2. Visualisieren Sie einen aus der Kugel kommenden Lichtstrahl, der ins Kronenchakra eintritt und dann allmählich abwärts fließt, bis er die Füße erreicht. Visualisieren Sie, daß das weiße Licht alle Hauptchakras, alle lebenswichtigen Organe, die Wirbelsäule und die Knochen reinigt und energetisiert.

3. Visualisieren Sie, wie das weiße Licht aus den Füßen austritt und die ganze schmutziggraue, kranke bioplasmatische Materie hinausspült. Wiederholen Sie diesen Vorgang dreimal.

4. Visualisieren Sie eine strahlend weiße Lichtkugel unter Ihren Fußsohlen. Nehmen Sie nun Erdprana in Form eines aus dieser strahlenden Lichtkugel kommenden Lichtstrahles auf. Ziehen Sie das Prana durch die Fußsohlenchakras ein, bis es zum Kopf hinaufströmt. Wiederholen Sie dies dreimal.

Prana-Zirkulation

1. Visualisieren Sie, wie das Prana im Körper kreist: von den Füßen zum Rücken hinauf, dann zum Kopf, hinunter zum Gesicht, dann zur Vorderseite des Körpers und wieder hinunter zu den Füßen. Lassen Sie das Prana dreimal auf diese Weise von hinten nach vorne zirkulieren.

2. Lassen Sie nun das Prana von vorne nach hinten durch den Körper zirkulieren. Wiederholen Sie dies dreimal.

3. Lassen Sie das Prana jeweils dreimal von der linken zur rechten und von der rechten zur linken Körperhälfte zirkulieren.
   Die Prana-Zirkulation dient dazu, die Pranaenergie gleichmäßig im Körper zu verteilen und Energiestauungen zu verhindern.

Diese Meditation können Sie täglich durchführen und so Ihren Gesundheitszustand verbessern oder Ihre Gesundheit erhalten. Schüler auf dem spirituellen Weg wenden sie an, bevor sie mit Aktivitäten beginnen, die eine Menge Prana erfordern. Vor Heilsitzungen, bei denen Sie viele Menschen behandeln, sollten Sie diese Meditation ebenfalls durchführen. Wenn Sie die Technik erst einmal gut beherrschen, werden Sie ein Prickeln im ganzen Körper spüren und einen starken Energiestrom in und um Ihren Körper herum wahrnehmen.

Das überschüssige, durch diese Technik erzeugte Prana können Sie auch nutzen, um »synthetisches Qi« zu produzieren. Dazu konzentrieren Sie sich zehn Minuten lang auf das Nabelchakra. Speichern Sie das »synthetische Qi« in den beiden Nabelnebenchakras, die sich etwa fünf Zentimeter unterhalb des Nabels befinden. Das erreichen Sie, indem Sie sich einfach drei bis fünf Minuten lang auf diese Stelle konzentrieren. Wenden Sie bei den obengenannten Techniken stets die Pranaatmung an. Die beiden Nabelnebenchakras werden *Qihai* genannt, was soviel bedeutet wie »Ozean des Qi«, weil sie mit »synthetischem Qi« angefüllt sind. Sie haben breite, flexible Meridiane, in denen das Nabel-Qi gespeichert wird, sind also Reservoir für »synthetisches Qi«. Ich möchte noch einmal darauf hinweisen, daß sich »synthetisches Qi« oder Nabel-Qi von Prana unterscheidet. Ersteres wird vom Nabelchakra synthetisiert und erscheint milchigweiß, weißlich-rot oder goldgelb. Seine Stärke und Dichte variiert. Verglichen mit den Schülern von Meditationsschulen oder Menschen, die Qigong praktizieren, haben gewöhnliche Menschen im allgemeinen nur sehr wenig »synthetisches Qi« zur Verfügung.

Ich rate Ihnen, die *Meditation über das weiße Licht* zu erleben und sie täglich zu praktizieren. Dadurch wird Ihr bioplasmatischer Körper gereinigt, heller, klarer und dichter; das hilft Ihnen, ein besserer Heiler zu werden.

Aus: Kok Sui, *Grundlagen der Prana-Psychotherapie*

Vom selben Autor sind bisher erschienen:
Grundlagen des Pranaheilens
Die hohe Kunst des Pranaheilens

Kann man Engel rufen?

Die Menschen haben zu allen Zeiten gefragt: Wer im unendlichen Universum sollte mich kleines Nichts auf einem der Milliarden Sterne hören? Auch große Gottesmänner und Propheten haben um das Schweigen Gottes gewußt und darunter gelitten. Was macht der Mensch in seiner Not, wenn er weder auf Erden noch in den Himmeln eine Instanz, ein Gegenüber, einen Hörenden weiß, dem er seine Not wenigstens mitteilen kann? Wir kennen das Gefühl, wenn wir auf unser Beten so gar nichts spüren, als sei es sinnlos gewesen, nur ins Leere gegangen und von niemandem gehört, geschweige denn erhört worden zu sein.

Vielleicht dürfen wir die Frage am Anfang der »Duineser Elegien« von Rainer Maria Rilke so verstehen: Finde ich wirklich Gehör, ach fände ich doch Verstehen und Geborgenheit im Arm eines höheren Wesens. »Wer, wenn ich schriee, hörte mich denn aus der Engel Ordnungen?« Das ist nicht nur einfach Dichtung, sondern Rilke hat, als er auf Schloß Duino in Dalmatien lebte, ein ganz ungewöhnliches inneres Erlebnis gehabt, eine Inspiration oder Audition; sie war der Beginn seiner »Duineser Elegien«.

Ob der Himmel uns hört, ist gewiß auch von uns abhängig, von der Lauterkeit und Ernsthaftigkeit unserer Hinwendung zu Gott. Unsere Gedanken und Empfindungen und unser Wollen bauen mit an der Brücke zwischen Gott und uns. Böse Gedanken werden nicht erhört:

»Und ob ihr schon viel betet, höre Ich euch doch nicht. Tut euer böses Wesen von Meinen Augen« (Jesaia 1).

Im Buch Tobias (Kap. 15) lesen wir: »Da du so heiß weintest und betetest, da brachte ich dein Gebet vor den Herrn. Nun hat Gott mich geschickt, daß ich dich solle heilen. Ich bin Raphael, einer von den sieben Engeln, die wir vor dem Herrn stehen.« Doch in jüdischen Texten aus Talmud und Midrasch heißt es wie in Joel 3: »Trifft den Menschen ein Leid, so wende er sich nicht an Michael und nicht an Gabriel, sondern er wende sich zu Mir, und Ich erhöre ihn sogleich, wie es heißt: alles, was den Namen des Ewigen ruft, wird errettet werden.« Daraus geht hervor, daß die Juden nur zu Gott direkt beten und keine Mittler, keine Heiligen und Engel, kennen.

Franziskus von Assisi nannte die Meditation ein Teilhaben am Leben der Engel. Gebete sollen ernsthaft, aufrichtig, bewußt gesprochen sein; vielem Plappern (Matth. 6, 7) wird man weniger Aufmerksamkeit zuwenden. Gott weiß um unsere Bitten, noch ehe wir sie aussprechen. »Ich will antworten, noch ehe sie rufen; während sie noch reden, höre ich sie schon« (Jesaia 65, 24). Ein Engel denkt ungleich schneller als ein Mensch; so ist die Antwort da, noch ehe die Frage formuliert ist.

Es wird wohl keinen Menschen geben, der mit Gott selbst gesprochen hat. Jedes ernsthafte Gebet bringt uns aber in die Nähe der himmlischen Welt. Gebete werden von der Engelwelt empfangen und gleichsam über einen lichten Bogen weitergeleitet. Im Gebet sind Mensch und Engel nahe beieinander. Ein Engel ist nicht weiter von uns entfernt als ein Gebet. »Des Herrn Engel lagert sich um die her, die ihn fürchten (vertrauen)« (Ps. 34, 8). Aus den Schalen, die die Engel in Händen halten (Offenb. Johs. 8, 3), steigen die Gebete zu Gott empor.

Im Grunde suchen wir in jedem Vaterunser die Verbindung mit der Welt Gottes. Da mag das Beten wie das

Einschalten eines Geräts sein, wie die Herstellung einer Stromverbindung. Es ist, als hätte der Mensch ein eingewebtes Signalvermögen, welches vom göttlichen Bereich wahrgenommen wird. Da ist ein zuhörender Engel im stillen Kämmerlein ebenso nahe wie in der Kirche oder auch in der Natur. Der Schutz- oder der Führungsengel hört uns. Besondere, innige Gebete mögen zum Vater im Himmel gehen. Die großen Propheten und Söhne Gottes werden auch mit dem Vater selbst gesprochen haben. Von Jesus wissen wir es.

Von vielen Persönlichkeiten, z. B. von Augustinus und Newman, finden wir Aussagen, daß sie einen vertrauten Umgang mit ihrem Schutzengel pflegten. In einem Brief an Schwester Angela Roncalli schrieb der künftige Papst Johannes XXIII., daß er sich mit seinem Schutzengel öfters geistig unterhalte. »Ich spreche täglich mit meinem Engel«, hören wir auch von Papst Pius XII. Viele Heilige hatten einen vertrauten Umgang mit ihrem Engel; sie waren der liebevollen Gegenwart ihres Schutz- (oder Führungs-)Engels völlig gewiß.

Obwohl es in der Bibel keine Gebete zu Engeln gibt, sind uns von Franziskus von Assisi viele überliefert. In einem von ihnen heißt es: »Die seligste Mutter Maria, die seligen Michael, Gabriel, Raphael und alle Chöre der seligen Geister und alle Heiligen, die da waren, sein werden und sind, sie alle bitten wir um Deiner Liebe willen in Demut, daß sie für alles Dank sagen Dir, dem höchsten Gott.« Und im katholischen *Gotteslob* gibt es sogar ein Gebet zum Schutzengel: »Heiliger Schutzengel, Gottes liebende Sorge hat dich mir zum Begleiter gegeben. Du bist sein Anruf an mein Gewissen: Verhilf mir zu klarer Entscheidung. Du bist seine führende Hand: bleibe bei mir Tag und Nacht. Du bist sein machtvoller Arm: kämpfe mit mir für sein Reich.«

Die evangelische Kirche hat hier von Anfang an eine

Auf dem Friedhof in Innsbruck-Wilten

andere Einstellung gehabt. Sie lehrt keine Anrufung der Engel, weil der Diener keine Vollmacht habe, selbständig Bitten zu erfüllen. Wir sollen vielmehr Gott bitten, er wolle uns seinen Engel senden. Den Glauben an die Existenz und das Wirken der Engel hat die Reformation dennoch beibehalten. Martin Luthers Morgen- und Abendsegen sowie sein Sakristeigebet sind ein Zeugnis dafür: »Sei Du mein Helfer und lasse Deine heiligen Engel bei mir sein.« Ebenso steht es in evangelischen Gebetbüchern: »Sende, Herr, Deine Engel, daß sie uns geleiten auf allen unseren Wegen.« Wir dürfen und sollen also rechnen – täten wir es nur bewußter! – mit einer Fülle, einem himmlischen Heer, aber sie nicht anrufen, sondern uns ihrer getrösten. Das evangelische Gesangbuch erwähnt Engel an über hundert Stellen; doch es spricht sie in keinem der Lieder selbst an: »Herr, Deine Engel«, »Wir loben Gott wie die Engel«, »einstimmen in der Engel Sehnen«.

Doch gibt es neuere Glaubensansätze, zum Beispiel in den Evangelischen Bruderschaften der Gegenwart (wie Taizé, les Cluny und Berneuchen), in denen man anders über Engel denkt. Rienecker schreibt in seinem Buch: »Das Schönste kommt noch«, daß Gebetserhörungen so zahlreich sind wie Sand am Meer. Sie haben sich »unauslöschlich und unvergeßlich eingeprägt. Die Gebetserhörungen bekunden und beweisen das Dasein einer unsichtbaren Welt und Wirklichkeit, die fort und fort in unsere sichtbare Welt und Wirklichkeit eingreift.«

Auch für die Bruderschaft (Gemeinschaft) der Essener (zu denen wohl Jesus, Jakobus und Johannes der Täufer gehörten) waren Gebete zu den Engeln in aller Unbefangenheit ganz selbstverständlich; sie taten der Anbetung Gottes des Vaters in keiner Weise Abbruch. Hier nur zwei Beispiele: »Ich rufe den Engel des Friedens an, dessen Atem freundlich ist und dessen Hand umhüllt von

Kraft.« »Die Engel, die die Schöpfer und Verwalter sind, die Gestalter und Aufseher, die Wächter und Erhalter der reichhaltigen Erde und aller Schöpfungen des Himmelsvaters. Wir rufen euch an, ihr guten, ihr starken, ihr wohltätigen Engel des Himmelsvaters . . .«

Silvia Wallimanns Worte mögen das Kapitel beschließen: »Du kannst Engel zu dir rufen mit Schwingungen harmonischer Musik, mit Gebeten und einem Herzen voller Liebe. Lausche einem Musikstück, z. B. dem Sanctus aus der Cäcilien-Messe von Charles Gounod.«

Aus: Wenberg, *Ein Plädoyer für Engel*

Zum Thema Engel gibt es bei uns außerdem:

Leuenberger, *Engelmächte*
Moolenburgh, *Engel – Helfer auf leisen Sohlen*
Moolenburgh, *Engel als Beschützer und Helfer des Menschen*
Wallimann, *Mit Engeln beten*
Wallimann, *Engelgebete*

Die wahre Geschichte von Atlantis

»Hey, José! Du da! Paß mal auf!« Onkel Joe machte eine Pause. »Es macht dir doch nichts aus, wenn ich dich von Zeit zu Zeit ›José‹ nenne, nicht wahr, mein Junge?«

»Oh, Onkel Joe, da bist du wieder«, antwortete ich. »Natürlich macht es mir nichts aus, wenn du mich ›José‹ nennst. Aber ich wollte dich fragen, ob es einen besonderen Grund gibt, warum du mich ›mein Junge‹ nennst?«

»Natürlich gibt es einen«, kicherte Onkel Joe, »du bist ein kumpelhafter Erdling, ein Erdkumpel, mein Junge. Mache beim Programm mit. Harmonisiere dein Hologramm.«

Onkel Joe brach nochmals in Lachen aus.

»Was möchtest du mir erklären?« fragte ich, nun ernsthaft neugierig geworden.

»Das, was gerade passiert. Du hast mich danach gefragt, was mit dem Planeten geschieht, und ich gab dir eine Überfülle von Informationen. Das war nicht fair. Es war zuviel. Diesmal will ich langsamer vorgehen. Aber ich habe dir eine Geschichte zu erzählen.«

»Eine Geschichte? Was für eine Geschichte?«

»Nun, eine Geschichte über Atlantis.«

»Atlantis?« frage ich. »Was hat Atlantis mit den Mayas zu tun?« Ich fühlte mich nun doch unsicher.

Wollte mir Onkel Joe mit einem fremden, grausigen und geheimnisvollen Märchen eins auswischen? »Mache dir keine Sorgen, José. Dies ist kein New Age Trip. Und die Mayas haben damit in der Tat eine Menge zu tun. Du weißt doch, daß die Mayas nicht nur ein altes Volk waren. Gewiß, in Yukatan leben noch mehr als genug Mayas, wie sie auch vor zweitausend Jahren dort gelebt haben, und schlagen gerade ihre Zeit damit tot, Mais anzubauen, während sie darauf warten, daß dieser Zyklus vorübergeht und wir mit ihnen gleichziehen. Richtig? Aber du weißt auch, daß die Mayas etwas mit der Harmonikalischen Konvergenz zu tun hatten, weil ihr Kalender interdimensional an die große Zentrale *Hunab Ku* angeschlossen ist wie kein anderer menschlicher Kalender. Du selbst nanntest diese Verbindung ›Maya Faktor‹, eben weil alles synchron ist. Und die Mayas erfanden die Zeit, stimmt's?«

»Wie könnte ich mir selbst widersprechen, Onkel Joe? Fahre fort«, antwortete ich und fühlte mich schon ganz von seiner schlauen Einleitung vereinnahmt.

»Und du weißt auch, daß die Mayas ursprünglich mit einer bestimmten Absicht und Aufgabe hierher gekommen sind, denn die Entwicklung hier war nicht ganz in Übereinstimmung mit der menschlichen DNS. Sie kamen, um zu zeigen, daß es möglich ist, mit der Natur in Harmonie zu leben, und sie kamen, um ihre Visitenkarte zu hinterlassen – die du die galaktische Konstante nennst –, jenes ›Harmonikalische Modul‹ aus 260 Einheiten.

Habt ihr auf eurem Planeten nicht das fatale Gefühl, das Paradies verloren und noch nicht wiedergefunden zu haben? Nun, als die Mayas hierher kamen, jene, über die du in deinem Buch geschrieben hast, war dieses Gefühl vom ›verlorenen Paradies‹ schon auf dem Planeten, nicht wahr? So war der Part der Mayas in diesem kleinen, kosmischen Drama: ›ET‹ kam und ›ET‹ ging! Was hälst du von der Geschichte vom ›verlorenen Paradies‹?«

Onkel Joe hatte recht. Ein eigentümliches Gruseln erfüllte mich. Ich begann, einen Eindruck von dem *riesigen* Ausmaß des galaktischen Dramas zu gewinnen. In meinem Kopf brachen Heere der Erinnerungen, wie durch eine ungeheure Zuvuya-Welle herangespült, ein. Ich konnte Christus in Gethsemane sehen, Luzifer mit den rebellischen Engeln, durch den Weltraum rasende Welten und Sternensysteme; geometrische Muster und zellulare Strukturen vereinten sich, Schimmer von wilden, exotischen Kristallpyramiden-Städten erhoben sich aus dem Wüstensand und vom Meeresboden und explodierten in sich aufblähenden orangefarbenen und violetten Wolken auf unzähligen Planeten überall im Universum. Krach! Bum! Was geschah eigentlich?

»Hihihi«, lachte Onkel Joe, obwohl es eher so klang, als ob er quietschend auf seinem Kazoo blies.

»Gut, du hast jetzt eine Vorstellung davon«, fuhr er fort. »Es gibt noch etwas zu der Luzifergeschichte zu sagen. Der kosmische, fünftdimensional organisierte Mensch, begeistert von seinem freien Willen, setzt seinen höherdimensionalen Willen zu früh bei der genetischen Gestaltung bestimmter Planeten ein. Einige aus der Nachbarschaft tun sich mit ihm zusammen. Sie verfingen sich durch einen galaktischen V-Mann-Einsatz. Was war zu tun? Die ›obersten Lenker‹ aus den höheren Dimensionen isolierten den Menschen und die 37 in den Fall verwickelten Planeten – und verkündeten: keine Einmischung auf diesem Planeten, bis das genetische Material reif genug sein wird, die wahre Bedeutung von Verantwortung und freiem Willen zu verstehen. Weil das genetische Material jedoch gleichzeitig durch Luzifer durcheinander gebracht worden war, entwickelten sich die sogenannten Humanoiden mit leicht verdorbenen Schaltkreisen, die einen ›verfrühten freien Willen‹ besaßen. Illusionen von der Wirklichkeit und Machtanmaßung über andere waren die Folge. Wenn aber einmal in eine zeitliche Festlegung eingegriffen wurde, kann man nichts tun, bis zu dem Punkt, an dem die Menschen ihre eigenen Fehler einsehen. Kommt dir das bekannt vor?«

Verschiedene Puzzlestücke rückten an die richtige Stelle. »So, das ist also eines der Themen auf der AA-Zwischenstation, Onkel Joe?«

»Ja, mein Junge. Die Leute – ja, ich glaube, ich kann sie Leute nennen – kommen zusammen und berichten, wo und wann sie durch den freien Willen in Versuchung geführt worden sind, wie sie ihn mißbraucht haben, was sie daraus gelernt haben und was sie tun können, um den Schaden wieder gutzumachen.«

»Das ist ja ganz nett, Onkel Joe, aber laß uns nach Atlantis zurückkehren. Du begannst mit der Ankündigung, du wolltest mir die Geschichte von Atlantis erzählen, und nun sind wir bei Luzifer.«

»Nun, ich mußte dir diesen Teil zuerst erzählen, weil er den Hintergrund, die Szenerie für die Atlantisgeschichte bildet; aber nun beginne ich mit der ›wahren Geschichte von Atlantis‹. Tatsächlich gibt es eine Menge von atlantischen Reichen – und auch Lemurias. Diese Projekte nahmen ihren Anfang unter Luzifers Einfluß. Schau dir die Karte vom Mars an, und du wirst sehen, daß es auch dort ›Atlantis‹ und ›Lemurien‹ gegeben hat. Sehr eigenartig, wie? Es gibt ein Gesicht eines alten Humanoiden auf dem Mars in der Nähe einiger Pyramiden. Man kann dort sogar so etwas wie einen megalythischen Steinkreis ausmachen. Und etwas weiter vom Mars entfernt liegt der Asteroidengürtel. Es war einst ein Planet: Maldek nennen ihn einige. Was glaubst du, was mit ihm geschehen ist?« Onkel Joes Worte verstummten für einen Augenblick. Das unheimliche Gefühl verstärkte sich. Ist etwa alles, was jetzt auf unserem Planeten geschieht, irgendeine *Wiederholung* oder aber eine andere Version eines galaktischen Aufzeichnungsstudios, durch eine Band, der es nicht ganz gelungen war, ihre Akkordabwandlungen nach unten zu bringen? Onkel Joe fühlte meine Melancholie und nahm die Geschichte wieder auf.

»Zurück zu unserem Atlantis, dem ersten aller Zeiten. Aufgrund deiner Kenntnis vom Maya-Faktor, der galaktischen Konstante, weißt du, daß wir die Zyklen erhalten haben und diese beinahe 26 000 Jahre lang sind, und du weißt auch bereits, wie alles mit allem zusammenpaßt. Das ist das Harmonikale Modul. Alles kreist in irgend etwas anderem – das größere kreist im noch größeren und dies wiederum im noch größeren und so weiter – ohne Ende. Das ist das kosmische Hologramm!

Der nächste Zyklus über dem 26 000-Jahres-Zyklus ist der 104 000-Jahres-Zyklus, der aus vier 26 000-Jahres-Zyklen besteht. Das ist eine lange Zeit davor, oder wie sie auf der AA-Zwischenstation sagen, gibt es eine Menge ›Spins‹ bis zu diesem Kreislauf! Nun, einst, gerade jenseits des 104 000-Jahre-Spins, gab es in einem anderen Teil der Galaxie einen Planeten, genannt: Atlantis.«

Irgend etwas an der Art und Weise, wie Onkel Joe das Wort »Atlantis« aussprach, ließ es poetisch, sanft und bezaubernd klingen. Ich fühlte mehr Erinnerungen in Bewegung geraten – entnommen aus einigen unterirdischen Bücherborden an der Rückseite meines Gehirns.

»Ja, Atlantis«, fuhr Onkel Joe fort. »Dieser Planet war wunderbar entwickelt. Die Dinge liefen in der richtigen Richtung, und die Menschen hatten eine wundervolle Klarheit. Aber eines Tages wußten sie, daß ihnen eine kosmische Katastrophe bevorstand. Dies sind die Dinge, die geschehen, um uns vor eine neue Herausforderung zu stellen. Das geschieht immer, wenn gerade alles super läuft. Plötzlich – peng! – stößt du dir den Kopf an, und jemand sagt: Hey, Dummkopf, dachtest du, du seist schon ganz oben? Genauso geschah es in Atlantis. Kein Fehler in ihrer eigenen Wirklichkeit – nur ein Test.

Nun, bevor sie die gute Zeit auf diesem armen, verdammten Planeten beendet hatten, wurde auf den Höheren Ebenen ein Rat zusammengerufen, und von diesem Rat wurden zwölf nach Atlantis gesandt.

Was sollte man tun...? Die Ältesten von Atlantis trafen sich mit den zwölf Ratsältesten von oben. Es war beschlossen worden, die evolutionären Errungenschaften, die Atlantis schon erreicht hatte, zu bewahren.«

»Was verstehst du unter evolutionären Errungenschaften, die schon erreicht waren, Onkel Joe?« unterbrach ich ihn.

»Das ist so: Jene Atlanter hatten wirklich hart gearbeitet – und als Kollektiv waren sie dicht an einen hohen Entwicklungsstand herangekommen. Du wirst es gleich verstehen. Höre einfach zu.

So mußten sie einen Plan ausarbeiten. Das war nicht leicht. Es gab eine Kerngruppe von 144 000 Atlantern. Diese teilten sie in zwölf Gruppen und jede Gruppe wieder in zwölf Gruppen, bis sie je 12 000 Untergruppen hatten. Eure Mayazahl 13 kommt daher, daß jede Zwölfergruppe in ihrer Mitte unsichtbar den Dreizehnten hatte: das interdimensionale, vertikale Bindeglied der Zeit. Du könntest es die spirituelle Summe der Zwölf nennen. So formten diese Gruppen so etwas wie ein Netzwerk.

Der nächste Schritt war die Frage, wohin zu gehen und was zu tun sei. Es wurde beschlossen, auf einen anderen Planeten auszuwandern. Da dies eine Art Experiment war, mußten sie einen Planeten in der Experimentierzone der Galaxie finden.« »Die Experimentierzone? Mann, Onkel Joe, welche Art von Universum ist das?«

»Ja, José. Die Experimentierzone. Das ist Luzifers Gelände. Wie auch immer, der Planet, auf den sie auswandern wollten, lag in einem Sternensystem, das tatsächlich einen Teil des Plejaden-Systems ausmacht. Wußtest du das? Wußtest du, daß die 26 000-Jahre-Zyklen mit der Tatsache zu tun haben, daß eure Sonne alle 26 000 Jahre einmal um die Plejaden kreist? Und alle 104 000 Jahre ist sie viermal herumgekreist. Das ist dann ein Super-Sonnenjahr.«

»Ha?« Meine Erinnerungsteile tanzten im Hinterkopf umher. Warum begann alles so seltsam vertraut zu klingen?

»Ja, mein Junge, das ist wichtig. Sieh mal, die Zentralsonne für diesen Teil der Galaxie befindet sich in den Plejaden. Die Sonne heißt Alcyone. Der nächste Stern über Alcyone ist Maya. Siehst du einen Zusammenhang?« Ich sah ihn. Zweifellos. Mir ging ein ganzer Kronleuchter auf.

»Um zu dem siebenten Stern, der um Alcyone kreist, gelangen zu können, hätte für die Atlanter natürlich die ganze Sache mit dem Halter des Zentralsterns, dem großen plejadischen Zauberer, mit dem ›Alten der Tage‹, Layf-Tet-Tzun, geklärt werden müssen. Du weißt, er ist dein Großonkel.«

»Mein Großonkel? Wie das?«

»Nun, du weißt, ich bin dein viertdimensionaler Doppelgänger, und wir sind Teil dieses Systems, genannt Erde, die um die Sonne kreist, welche die Mayas Ahau Kin nennen. Und erinnere dich, daß wir deswegen als *Kin* alle Verwandte sind. Die Tagehüter sind die Ah Kin, und unser Stern Ahau Kin ist offensichtlich mit der Zentralsonne Alcyone verwandt. Ahau Kin ist der siebente Stern, der Alcyone umkreist. Der Hüter unseres Sterns ist Ahau Kinich. Natürlich steht Ahau Kinich dem Layf-Tet-Tzun sehr nah.«

»Aber wer sind diese Leute – Ahau Kinich und Layf-Tet-Tzun?«

»Sie sind fünftdimensionale Lichtwesen, mein Junge. Genauso, wie ich dein Onkel bin, sind sie deine Großonkel. Aber der wirkliche Großonkel ist Layf-Tet-Tzun.«

»Aber sind sie Männer?« »Nur, weil du einer bist. Wärest du eine Frau, wären sie für dich Frauen. Aber eigentlich sind sie beiderlei Geschlechts – und mehr. Doch laß uns nicht den Faden der Geschichte verlieren. Sobald Layf-Tet-Tzun die Information über Atlantis erhalten und darüber nachgedacht hatte, antwortete er:

›Durch diese fortgeschrittene Gruppe der Atlanter kann ich meinen eigenen Fortschritt beschleunigen. Ich könnte mich darauf einstellen, in 104 000 dieser Erdenjahre zu graduieren. Jene 144 000, die sich auch vorbereiteten fortzuschreiten, können die Zeit auf dem Planeten Erde verbringen, aber sie werden vier Zyklen abzuwarten haben, und wenn die Zeit in 104 000 Jahren mit dem Sternenlauf gekommen sein wird, können sie meinen Platz einnehmen. Die Atlanter können dem Planeten – vielleicht – helfen, nur jetzt noch nicht. Sie haben 78 000 Jahre zu warten, bevor sie daran denken können, sich einzuschleusen. Selbst dann müssen sie vorsichtig sein. Der Planet befindet sich in einer gefährlichen Zone. Die Atlanter könnten darin auch untergehen.‹«

Als Onkel Joe die Worte des alten Layf-Tet-Tzun wiedergab, konnte ich diesen »Hüter der Zentralsonne«, einen androgynen Erleuchteten, eine, wie es scheint, Ewigkeit hindurch einsam in den feurigen dimensionalen Kammern dieses fernen Sterns Alcyone nahezu sehen.

»Sobald sie wußten, wohin sie gehen würden«, fuhr Onkel Joe fort, »strukturierten sich die 144 000 Atlanter in ihre Licht-Netzwerke. Kurz bevor die Katastrophe über den Planeten hinwegrollte und Atlantis vollständig verbrannte, fand die interdimensionale Emigration statt. Wuuusch!

Nun, hier unten gab es nicht nur ein Atlantis. Es gab

drei Phasen. Jede dieser Phasen dauerte einen Zyklus von 26 000 Jahren. Der erste Zyklus verlief von 104 000 bis 78 000 Jahre. Der zweite von 78 000 bis 52 000 Jahre, und der dritte von 52 000 bis 26 000 Jahre vor unserer Zeitrechnung. Natürlich waren die Atlanter streng angewiesen, sich nicht mit anderen Völkern zu vermischen oder zu kreuzen. Sie taten es auch nicht, ja, sie wollten es sicherlich auch selbst nicht. Du weißt doch, wie es vor 104 000 Jahren auf der Erde aussah? Nur homanoide Typen damals. Die Suche nach dem Feuer war gerade ihr Entwicklungsstand.

Auf jeden Fall wurden die ersten beiden atlantischen Reiche durch natürliche zyklische Ereignisse zerstört. Du weißt, wenn einer der 26 000-Jahre-Zyklen ausläuft, passiert immer etwas Größeres. Eine Art elementare Erschütterung. Mag sein eine Flut, oder wenn die Erde freundlich ist, eben eine Eiszeit. Du bist noch jung, mein Junge. Im Hinblick auf das Jahr 2012 hast du noch einiges vor dir. Ganz bestimmt.«

»Meinst du, die Erdachse könnte sich verschieben – ein Polsprung könnte auftreten?«

»Kann sein. Oder vielleicht eine neue Eiszeit. Das scheint mir wahrscheinlicher. Vielleicht auch eine Kombination von beidem. Wer weiß? Auf jeden Fall verursachten diese Dinge den Atlantern keine allzu großen Sorgen. Zudem waren sie ja schon von einem anderen Planeten gekommen. Aber dann, wenn wir das dritte Atlantis bekommen, das letzte vor dem jetzigen ...«

»Du meinst, Onkel Joe, wir sind auch Atlantis hier?«

»Ja, Atlantis vier«, Onkel Joe kicherte über diesen Reim. »Aber du hast recht: Was ihr gerade durchlebt, ist das letzte, das vierte Atlantis. Es ist ein großer Erinnerungsverlust damit verbunden. Und das ist das Problem: Unbewußtheit – keine Erinnerung. Deshalb haben wir nur diese A. A. Gruppen: *Atlantean Amnesiacs*. Begreifst du, Junge? Das ist die Wahrheit. Das steckt in Wirklichkeit hinter A. A.: Atlantische Amnesiasten! Die Leute verdrängen, indem sie trinken und Drogen nehmen und ihre Erinnerungen verleugnen, weil es keinen sicheren Ort gibt, sich zu erinnern. Aber nach diesem vierten Atlantis kann es keine weiteren atlantischen Reiche mehr geben, zumindest nicht auf diesem Planeten. Die Wahlmöglichkeiten sind vorbei. Es ist wichtig, sich das zu merken, mein Junge. Aber zurück zu unserer Geschichte. Das dritte Atlantis lag unter Wasser. Große Kristallkuppeln unter dem heutigen Atlantischen Ozean. Das ist das Thema ›Bermudadreieck‹. Dort befinden sich die Überreste der interdimensionalen Zone des dritten Atlantis. Unter Wasser war die Kommunikation mit den Delphinen leicht möglich. Diese Delphine kamen, wie du weißt, ursprünglich aus dem Sternensystem der Sirius. Scheint das nicht ziemlich weit hergeholt?«

»Das kannst du wohl sagen, Onkel Joe«, antwortete ich.

Bilder von Delphinen aus elektromagnetischen Schwingungen strömten durch den Weltraum, surften auf einem mayanischen interdimensionalen Strahl, spritzten in alle Richtungen durch mein Gehirn.

»Du weitest mein Bewußtsein ganz schön aus.«

»Das liegt an dem Themenbereich, mein Junge. Du wolltest interdimensional spielen, da hast du es nun.

Was die Atlanter angeht, die gerieten um diese Zeit in viele Schwierigkeiten. Sie begannen, kosmische Gesetze zu mißachten. Sie spielten mit den Naturgesetzen herum. Das nennt man Trennung des Wissens von der Weisheit. Und was noch schlimmer war, sie ließen sich auf Machtspiele ein. Einige Leute machten sich schuldig, weil sie ihre Macht abgaben. Und natürlich gab es andere Leute, die diese Macht an sich rissen. Und als das geschah, folgte das Schlimmste. Menschen zwangen anderen ihren

Willen auf. Das bedeutet das große kosmische Nein, das Kontrolle-Spiel. Nun, das war das Ende. Das brachte das Verhängnis. Manipulation der Natur und Manipulation von Menschen. Das reicht jedes Mal. »Kommt dir das bekannt vor, mein Junge?« »Sicher tut es das, Onkel Joe«, mußte ich zugeben. »Das tun die hier unten doch tagaus und tagein, auf alle möglichen Weisen, von der Wiege bis zum Grabe.«

»Ja, das stimmt. So hatten die 144 000 diesmal ihre Aufgabe vergessen. Die Sache stand schlecht. Der letzte König auf Atlantis war ein Mann mit Namen Markus Morpheus. Während seiner Regierungszeit wurden Drogen benutzt, um die Leute machtlos zu halten. Und sie hatten kristallene Geräte, wie Kopfhöhrer, die sie ebenfalls dazu verwendeten, um die Menschen unter Kontrolle zu halten. *Kontrolle.* Das ist das größte Machtmittel. Kontrolle. Hast du dir diesen Kontrollknopf, der Dinge am ›Kochen‹ hält, schon einmal richtig bewußt gemacht? Niemand möchte die Kontrolle aufgeben.«

Als ich Onkel Joes Frage erwog, kam ein Gefühl des Unbehagens über mich. Mich durchzog ein erdrückendes Gefühl. Mein Knopf war gedrückt worden. Ich fühlte es – den Kampf, die Kontrolle aufrecht zu erhalten. Kontrolle, worüber? Und aus welchem Grund? Schutz und Kontrolle, Verteidigung und Bestrafung. Alle diese Dinge verschmolzen miteinander im dunklen Gewebe der gehetzten Verwirrtheit, genannt modernes Leben.

»So explodierte das dritte Atlantis«, nahm Onkel Joe den Faden der Geschichte wieder auf. »Und es war eine starke Explosion. Eine erdgeschichtliche Katastrophe. Eine im höchsten Grade schlimme Szene. Alle Kristallkuppeln zersprangen. Die Ozeane hoben sich. Das Land bebte. Atlantis sank auf den Boden des Meeres. Das war Platos Atlantis – und es war dahin!«

Welch eine Geschichte. Mich durchrieselten Schauer.

»Das sinkt ein, was, Junge?« Onkel Joe kicherte, denn er erfreute sich an seiner Wortspielerei. »Nun, zu dem Zeitpunkt, als dies geschah, hatte die Erde natürlich ihre Ebenen für die nächste evolutionäre Phase verschoben. Eine Eiszeit breitete sich aus. Und endlich waren die Humanoiden für ihre große evolutionäre Stunde vorbereitet. Du würdest sie *Homo sapiens* nennen. Sie tauchten genau zu dieser Zeit auf. Ihr Potential war dem der Atlanter fast gleich. Und weil die Atlanter auf unserem Planeten Katastrophen verursacht hatten, hatte die Erde sie – als karmischen Ausgleich – gerade jetzt dazu veranlaßt zu inkarnieren – mitten unter die Spezies des Homo sapiens. Das war ihr Karma. Sie konnten keine reinen Atlanter mehr sein.

Aber dieser Homo sapiens entwickelte sich bereits mit einem Handicap. Erinnerst du dich an Luzifer? Die Menschen hatten bereits eine etwas beeinträchtigte genetische Struktur: sie litten unter den Neigungen des verfrühten freien Willens.

Somit sind wir im ›verlorenen Paradies‹ angekommen. Und die Atlanter haben sich unter uns gemischt. Und es ist die letzte Eiszeit. Welch eine Szene! Aber es war nicht gar so schlecht! Die Führer planten ein wirklich cleveres Ding. Du siehst, die Leute von damals hatten wenig materielle Technologie. Und in der Eiszeit war dafür auch wenig Gelegenheit. Aber sie waren noch sehr gut an ihren Traumkörper angeschlossen, an ihre viertdimensionalen Doppelgänger. So entschieden sie sich, den kollektiven Traum zu träumen. Sie wußten, daß ihre Eiszeit nicht für immer bleiben würde, und wenn sie ihren kollektiven Traum träumten, konnten sie erträumen, was sie nach der Eiszeit tun würden. Sie kannten ihre Werkzeuge und Aufgaben. Sie konnten alles erträumen, was kommen sollte. Clever, nicht wahr? So begannen sie die Traumzeit miteinander, im Kollektiv.

Sie benutzten ihre Fähigkeiten zur außersinnlichen Wahrnehmung. Rings um den Planeten schlafen kleine Stämme, kleine Eiszeit-Clans, gleichzeitig – den Kopf zur Feuerstelle – und träumen denselben Traum. Ein Netzwerk von Träumern. Und weil es unter ihnen die Atlanter gab, erschufen sie langsam über die Jahre, Jahrhunderte, Jahrtausende ein kollektives *Traumzeit*-Atlantis. Es war das Atlantis von vorher. Und es war das Atlantis, das kommen sollte. Und wie das Atlantis von damals, das dritte Atlantis, flog auch das Traumzeit-Atlantis auseinander. Es war ein wirkliches Trauma. Jeder hatte denselben Alptraum. Sie erwachten, erschraken und waren verwirrt. Niemand konnte sich klar an das erinnern, was geschehen war. Als dies geschah, war die Eiszeit nahezu vorüber. Das war vor 12000 bis 13000 Jahren. Die Mammuts waren verschwunden. Die Erde war warm. Die Leute mußten Teile, Fragmente des Traumes zusammenstückeln, und sie versuchten, das in die Tat umzusetzen, was sie geträumt hatten.«

Onkel Joe machte eine Pause. Ich nahm ein Läuten in meinen Ohren wahr, und ich konnte die Traurigkeit jener Zeit nachempfinden. Es war schlimm.

»Langsam«, setzte Onkel Joe seine Erzählung fort, »setzten die Menschen alles wieder zusammen, so gut sie es konnten. Sie erinnerten sich daran, daß irgend etwas ihnen erklärte hatte, wie man sät und pflanzt. So begannen sie, Samen zu sammeln und auszusäen. Irgend etwas in ihnen erklärte ihnen – wie eine ferne Erinnerung –, wie man Körbe flocht, webte und mit Ton arbeitete.

So begannen sie, auch das zu tun. Es war nicht mehr gar so schlimm. Und von Zeit zu Zeit kehrten in die Erinnerung einiger von ihnen Symbole zurück. Die Symbole – das war wie die kosmische Sprache, die Sprache der kosmischen Gesetze. Und so kam auch davon etwas zurück. Und sie versuchten, dementsprechend zu leben.

Nun folgt der Teil, in dem die Mayas wiederkommen. Du kannst sehen, wie die Mayas als Layf-Tet-Tzuns Spähtrupp auftreten. Natürlich hatte dies alles in Layf-Tet-Tzun große Besorgnis ausgelöst. Er hatte sich in 26 000 Jahren eine Beförderung erwartet, und nun sah es eher nach einem Rückschritt aus. Die 144 000 waren an einen Höllenort geraten, hatten sich mit einer Menschengruppe gemischt, die erst angefangen hatte, von der Zivilisation zu träumen, und sie waren schon einige Male da hindurch gegangen. Doch die Atlanter waren bereit, es ein letztes Mal vor ihrer Graduierung zu versuchen.

Um das Ende des dritten Atlantis herum waren die Mayas ausgesandt worden, um einen Überblick über die Situation zu erhalten. Konnte das Vorhaben noch zu einem guten Ende geführt werden? Das war Layf-Tet-Tzuns Auftrag an die Mayas: herauszufinden, ob das Projekt Erde abgeschrieben werden mußte oder nicht. Layf-Tet-Tzun konnte keinen Mißerfolg gebrauchen. Er wollte vorankommen. So kamen die Mayas herab und überprüften die Situation. Einige Teams setzten ihre Beobachtung für wenige tausend Jahre fort. Und das berichteten sie Layf-Tet-Tzun. Höre gut zu José. Ich erhielt dies von einem Antareaner in einem direkten holograhischen Austauch.«

Aus: Argüelles, *Surfer der Zuvuya. Ein intergalaktischer Reiseführer in die 4. Dimension.*

Wir empfehlen Ihnen auch:
Marciniak, *Boten des neuen Morgens*
Marciniak, *Plejadische Schlüssel zum Wissen der Erde*
Spilsbury / Bryner, *Das Maya-Orakel. Das kodierte Wissen der Meister der Zeit*

Beseelte Gedankenkräfte, die von Liebe getragen werden, sind die guten Bausteine der Zukunft.

Trudi Thali

Freude und Lachen

Ein Joker ist ein geistiger Helfer, der als Träger einer leichtfließenden Energieform die Gabe der Aufmunterung besitzt. Er weiß auch in traurigen, hoffnungslosen Situationen einen Ausweg. Menschen, die außer ihrem persönlichen geistigen Helfer einen Joker haben, sind im wahrsten Sinne des Wortes glücklich zu schätzen. Ich war überrascht und erfreut, daß in der nachfolgend wiedergegebenen Sitzung erstmals ein Joker mit seinen Schwingungen einen Buchtext beitrug. Gleichzeitig sah ich, daß seine Energie der Freude durch das ganze Buch hindurchfließt und für den Leser alles leichter verständlich machen wird.

Ich bin ein Joker, liebe Leserin, lieber Leser. Ich bin Freude und Lachen, ich bin Liebe und Glück in deinem Sein. Gott zum Gruße!

Meine Energien fließen durch den Körper dieses Instruments und lösen das Empfinden in ihm aus, jemand schlüpfe in seine Haut. Dieser Jemand ist natürlich keine Person, sondern eine Energieform, die üblicherweise im Körper eines Menschen nicht so konzentriert vorhanden ist. Menschen, die sich in der richtigen Weise in die Versenkung begeben und in Kontakt mit hellen Dimensionen stehen, haben nicht das Empfinden, es handle sich um eine Fremdenergie. Mit Besessenheit hat dies auch nichts zu tun. Die Energie des Wesens, durch das ich spreche, wird dabei komprimiert, in die höheren feinstofflichen Körper hineinverlegt, so daß der Astralkörper, das Kleid der Seele, sich ausdehnen kann und schwingungsmäßig den physischen Körper überragt. Wir füllen dann dieses Astralkleid mit unseren Energieformen auf, natürlich nur in einer herabgesetzten Frequenz. So etwa kannst du dir den ganzen Prozeß vorstellen.

Alle Bewußtsein dieses Instrumentes erfahren es als erhabenes Gefühl, wenn das Wesen des Verstandes bewußt in den Hintergrund tritt, damit die Schwingungen aus unseren Dimensionen sich im Körper manifestieren und wir sprechen können. Du verstehst inzwischen, warum wir gelegentlich abwechselnd die Ich-Form und die Wir-Form gebrauchen. Wenn ich von mir als Ich spreche, so hat das mit einem Ich im menschlichen Sinne nichts zu tun, sondern ich übernehme nur euren Sprachgebrauch. »Ich« steht immer auch für die vielen Lichtwesen und Engel, die gleichzeitig im Raum anwesend sind. Auch ich bin mit vielen Jokern gekommen, und gemeinsam manifestieren wir in allen Bewußtsein deines Körpers und in vielen Gedanken deines äußeren Selbst unsere Freude und unser Lachen. Lachen ist wichtig für den Menschen. Lachen ist eine Heilenergie, und wir Joker möchten diese Heilenergie bei dir aktivieren, möchten deine Motivation bei allem, was du tust, stärken. Wir werden Traurigkeit in liebendes Annehmen umwandeln, und daraus wird durch die Einwirkung unserer Energien Lachen hervorgehen.

Ich fließe wie ein sprudelnder Bach durch alle deine Organe, durch alle deine Gedanken. Ich manifestiere mich in dir, bin Fröhlichkeit, Geduld und Freude. Wenn du deinen Körper nun ganz gerade hinsetzt und das Bekken etwas nach vorne schiebst, darf ich jetzt meine Energien der Freude, des Lachens, der Zuversicht, der Umwandlung in alles Schöne, der Fröhlichkeit und die Energien aller hellstrahlenden Tugenden in deinem Sonnengeflecht manifestieren.

Wenn ich meine Energie der Liebe und Freude diesem Instrument, durch das ich spreche, zeige, sieht es mich als ein etwa zwei Meter hohes Wesen. Das Gewand meines Wesens besteht aus Regenbogenfarben und ist durchstrahlt von ihnen. Ich bin dadurch fähig, mich allen Dimensionen anzugleichen, denn ich habe die Möglichkeit, alle Lichtfrequenzen in meinem feinstofflichen Sein aufzunehmen. Ich kann in die dunkelsten Dimensionen gehen und ebenso in die hellsten. Ich diene dem Prinzip der Freude, dem Prinzip der Schönheit und dem Prinzip des Guten. Ich bin nicht in einer bestimmten Dimension, sondern überall zu Hause. Ich kann jetzt über dieses Instrument sprechen, und gleichzeitig können Aspekte von mir in irgendeiner anderen Sphäre eine Aufgabe erfüllen. Ich bin mit allen Ur-Energiequellen geistig und bewußtseinsmäßig verbunden. Natürlich sind nicht alle Joker in der Position, wie ich sie jetzt dargelegt habe. Es gibt viele Joker, die an bestimmte Ebenen oder Frequenzen gebunden sind. Auch wir Joker entwickeln uns weiter. Entwicklung hört nie auf. Leben dehnt sich ewig und immer aus.

Ich bin fließender, ewig liebender Dienst an allem Leben, und ich bin sehr dankbar, daß ich die Energie der Freude auch in diesem Buch manifestieren darf und dadurch auf den Leser übertragen kann. Ich lasse meine Energie als ewiges Lachen, als ewigen Freudenstrom in alle deine Körper fließen. Ich bin das Singen Gottes in deinen Zellen. Ich bin das Lachen in deinen Gedanken. Öffne dein Herz diesem Freudenstrom, diesem göttlichen Gesang.

Ich bin auch die Energie, die du als Glanz der Blumen wahrnimmst. Ich bin ein Aspekt des Sonnenstrahls, wenn er dich wärmt. Ich bin ein Aspekt des Lichtes, wenn der

Mond das Wasser küßt. Ich bin ein Aspekt des säuselnden Windes, der sanft durch dein Haar streicht. Ich bin ein Aspekt des ewigen universellen Feuerprinzips, das du in dir als Freude und Glückseligkeit wahrnehmen kannst, wenn du liebesfähig bist. Ich bin auch das Murmeln des Baches, die Klarheit des Mondes. Ich bin ein Aspekt der Freude in allem Sein. Und wenn du meine Energien aufzunehmen beginnst, werden viele deiner Bewußtsein, deiner Gedanken und alle deine Körper mit diesem ewigen Freudenstrom vermählt.

Nun sieht das Instrument, wie meine Energie sich wandelt. Das Wesen löst sich auf, es bildet eine Spirale. Spiralförmig ströme ich jetzt von oben nach unten durch deinen Ätherleib. Wenn du dreimal die Gedankenenergie erzeugst: »ICH BIN Freude, Lachen und Heiterkeit in allen Gedanken, in allen Zellen, im ganzheitlichen Sein«, hilfst du mir, diese Energien zu aktivieren. Meine Energie, die nun deine Energie ist, fließt über die Fußzentren in die Erdmitte hinein. Dort verbindet sie sich mit dem Strom der Freude, der auch die Erde durchfließt. Wo keine Freude, ist auch kein Wachstum.

Denke dich nun bitte in dein Sonnengeflecht hinein. Ich nehme die Form einer weißen Margerite mit Abertausenden von Blättern an. Sie strahlt wunderschönes weißes Licht aus diesen Blättern, und ihre Mitte schimmert in allen Regenbogenfarben. Mit diesem Symbol manifestiere ich mich in einem gewissen Schwingungsbereich deines Sonnengeflechts. Ich pflanze ein Lächeln ein in alle deine Zellen, in dein ganzes Sein, und alle Bewußtsein werden vom Strom deiner Freude durchflutet.

Nun bin ich ein Joker in deinem Sein. Ich bin in dir und gleichzeitig überall gegenwärtig. Und wenn du hin und wieder plötzlich Lust empfindest zu jubeln, zu hüpfen, zu tanzen, dann weißt du, daß ich mich in dir bewußt rege. Und wann immer du mich ansprichst, ob in Zeiten der

Freude oder Trauer, bin ich anwesend als Licht, als Freude, als Lachen, als Kraft, als Lebensmut. Und so bin ich auch zu einem Aspekt in dir geworden und helfe dir bei der Lösung deiner Aufgaben. Betrachte sie, auch wenn sie dir schwierig erscheinen, als spielerische Herausforderung deines äußeren Selbst. Nimm das Leben spielend an. Lerne die Regeln des Lebens spielend verstehen, und Freude wird in dir wachsen.

Meine Energie, die ich in dein Sonnengeflecht eingepflanzt habe, spiegelt sich am Ende seines Blütenstiels in der Wirbelsäule wider. Das bedeutet für dich, daß alles Traurige, das plötzlich in dein Leben treten kann, das dich gewissermaßen von hinten überfällt, durch diese Manifestation leichter zu ertragen sein wird. Ich hoffe, liebes Erdenwesen, daß du dich täglich einmal an mich erinnerst. Dadurch baust du die Frequenz meiner Energie in deinem Sein auf. Dadurch verstärkst du auch unseren geistigen Kontakt, und in wunderbarer Einheit werden wir als Strom der Freude, als Lachen allen Menschen und der Schöpfung dienen. Gemeinsam werden wir die Aufgaben des Lebens anpacken, weil Freude in uns ist und nicht Hoffnungslosigkeit.

Auf dieser Basis, geliebtes Wesen – das wirst du bald feststellen, wenn du den Kontakt zu mir aufrechterhältst –, wirst du alles, womit das Leben dich prüfen will, dienend, liebend und lachend annehmen können, ohne allzusehr zu leiden. Du wirst feststellen, daß Schwierigkeiten sich schneller auflösen. Alles, was du von dir abweisen willst, ziehst du an. Du verstärkst dadurch dein eigenes Leiden. Und alles, was du annimmst, stößt du ab. Vergiß das bitte nicht.

Nun, liebes Wesen, umringt dich eine ganze Schar von Jokern. Sie sind sehr viel kleiner als ich, denn es sind Joker-Kinder. Tanzend und sich an den Händen haltend umringen sie dich, und die regenbogenfarbenen Freudenströme fließen in deine Chakras und in alle deine Körper. Ein Joker-Kind manifestiert nun seine Energie in deinem Genickzentrum. Es ist möglich, daß du im Laufe der Zeit dieses Joker-Kind lachen hörst. Es wird dir Freude und Mut in dein Ohr flüstern. Sollte dies nicht geschehen, dann wirst du es bestimmt in dir fühlen lernen.

Nun, so darf ich mich denn mit einem Herzenslachen von dir verabschieden. Freude, Lachen, Liebe. Gott zum Gruße!

Aus: Wallimann, *Erwache in Gott*

Von derselben Autorin sind erschienen:

Lichtpunkt
Brücke ins Licht
Die Umpolung
Das Wunder der Meditation
Mit Engeln beten
Engelgebete